Inhaltsverzeichnis

Knobelseite	3

Wir in der Schule	
Fragen zum Text beantworten	5
Sich in eine Figur hineinversetzen	6
Lob aufschreiben	7
Nomen	8
Adjektive	9
Verschiedene Satzarten	10
Wörter nach dem Alphabet ordnen	11
Strategie: Verwandte Wörter finden	12
STARK: Alle Strategien üben	13
Knobelseite	14

Kartoffeln, Kartoffeln	
Informationen im Text finden	15
Ein Schaubild lesen	16
Treffende Verben finden	17
Verben	18
Wortbausteine verändern Verben	19
Wörter mit doppelten Mitlauten	20
Wörter mit **V** oder **v**	21
Strategie: Länge des Selbstlautes prüfen	22
STARK: Alle Strategien üben	23
Knobelseite	24

Fledermäuse	
Stichworte in einem Sachtext finden	25
Stichworte finden und anwenden	26
Eine Mind-Map schreiben	27
Verben: Grundform, Personalform	28
Wortstamm und Wortfamilie	29
Verben im Wörterbuch finden	30
b oder **p**, **d** oder **t**, **g** oder **k**?	31
Strategie: Nomen großschreiben	32
STARK: Alle Strategien üben	33
Knobelseite	34

Geheimnisvolles	
Einen Text lebendig vorlesen	35
Sich etwas Gelesenes vorstellen	36
Einen Text verstehen	37
Eine spannende Geschichte planen	38
Eine spannende Geschichte schreiben	39
Wörtliche Rede	40
Begleitsätze	41
Wörter mit **ß**	42
Wörter trennen	43
Knobelseite	44

Digital unterwegs	
In einem Lexikon lesen	45
Zwischenüberschriften finden	46

Am Computer schreiben 47
Nomen und Nomen zusammensetzen 48
Verben in Gegenwart und Vergangenheit 49
Strategie: Schwierige Wörter merken 50
STARK: Alle Strategien üben 51
Knobelseite 52

Bei den Wikingern

Mit W-Fragen einen Text verstehen 53
Über einen Text nachdenken 54
Treffende Adjektive finden 55
Pronomen kennenlernen 56
Satzglieder wiederholen 57
Wörter mit **aa**, **ee**, **oo** 58
Wörter mit **ss** 59
Strategie: Wörter in Silben gliedern und abhören 60
STARK: Alle Strategien üben 61
Knobelseite 62

Unser Wetter

Verschiedene Anleitungen verstehen 63
Ein Parallelgedicht schreiben 65
Mit Adjektiven vergleichen 66
Adjektive mit **ig** oder **lich** 67
Wörter mit **chs** 68
Wörter mit **tz** oder **ck** 69
Knobelseite 70

Phänomenal

Eine Bildanleitung lesen 71
Informationen und Werbung unterscheiden 72
Das Prädikat 73
Verben und Nomen zusammensetzen 74
Wörter mit **ie** oder **i** 76
Wörter mit stummem **h** 77
Knobelseite 78

Am Teich

Genau lesen 79
Fabeln kennenlernen 80
Unterschiedliche Texte vergleichen 82
Einen Steckbrief schreiben 83
Das Subjekt 84
Subjekt und Prädikat 85
Wörter mit **tz** oder **z** 86
Wörter mit **ck** oder **k** 87
Knobelseite 88

Hier leben wir

Sich Gedanken über einen Text machen 89
Informationen aus Sachtexten entnehmen 90
Nach Anregung schreiben 91
Nachgestellter Begleitsatz 92
Texte mit dem Computer überprüfen 94
Silbentrennendes **h** 95
Knobelseite 96

Knobelseite

Welcher Buchstabe fehlt? Schreibe das Lösungswort.

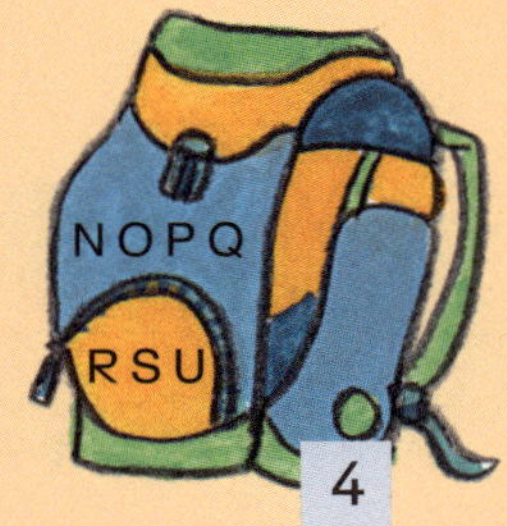

Lösungswort:

1	2	3	4	5

Schreibe die zusammengesetzten Nomen mit dem bestimmten Artikel auf.

Schul-
- Kind
- Essen
- Tasche
- Unterricht
- Ausflug
- Hof
- Ferien

das Schulkind, ______

______

______

______

______

______

______

Finde ein verwandtes Wort mit **a** oder **au** und ergänze **ä** oder **äu**.

der S____nger ⟷ der Gesang

der L____fer ⟷ ______

die W____nde ⟷ ______

der G____rtner ⟷ ______

bl____lich ⟷ ______

Verben

Die Deutschlehrerin trägt vor: „Ich gehe, du gehst, er geht, wir gehen, ihr geht, sie gehen. Niklas, kannst du mir sagen, was das bedeutet?“
Niklas überlegt kurz und antwortet: „Tja, ich würde sagen, dann sind alle weg!“

Name: ______

Knobelseite

Worttüftel
Bilde aus diesen Buchstaben mindestens 5 Wörter, die ein **ck** enthalten. Jeder Buchstabe darf in jedem Wort nur einmal verwendet werden.

A L D E E N CK H

____

____

____

Endlich in der 3. Klasse?
Ein Lehrer steht mit seiner 3. Klasse am Bahnsteig und lässt einen Zug nach dem anderen durchfahren. Da fragt Clara: „Warum steigen wird denn nicht ein?“ Darauf der Lehrer: „Du hast recht, den nächsten nehmen wir – auch wenn wieder nur 1. und 2. Klasse draufsteht.“

Rätselhaft!
Löse das Rätsel und bilde das Lösungswort.

Menschen, Tiere, Pflanzen und Dinge gehören zur Wortart …	N _ _ _ _ (2)
A, E, I, O, U nennt man …	S _ _ _ _ _ _ _ _ _ _ (6)
Nach einer Frage steht ein …	_ _ _ _ _ Z _ _ _ _ _ _ (5)
der, die, das: Diese Begleiter stehen vor Nomen und heißen …	A _ _ _ _ _ _ (4)
Wörter, die sagen, was man tut, nennt man …	_ _ _ B _ _ (8)
Wörter mit dem gleichen Wortstamm bilden eine …	_ _ _ _ F _ _ _ _ _ _ (10)
Wörter, die sagen, wie etwas ist, nennt man …	A _ _ _ _ _ _ _ _ (9)
Wörter bestehen aus einzelnen … und …	B _ _ _ _ _ _ _ _ _ (3, 1) S _ _ _ _ _ (7)

Lösungswort:

1	2	3	4		5	6	7	8	9	10

!!!

Name: ____________________

Fragen zum Text beantworten

1 Lies den Text und ergänze den Stundenplan.

Neuer Stundenplan

Nachdem die Kinder von ihren Ferienerlebnissen erzählt haben, diktiert Frau Bräuer der Klasse den neuen Stundenplan.
„Jeden Tag habt ihr in der 3. Stunde Mathematik (Ma). Dienstags in der 4. und 5. Stunde habt ihr eine Doppelstunde Schwimmen (Schw), am Freitag in der 1. Stunde besucht ihr den Sportunterricht (Sp). Der Sachunterricht (Su) findet dienstags, mittwochs und donnerstags in der 2. Stunde statt. Im Fach Deutsch (D) habt ihr drei Doppelstunden: montags, mittwochs und donnerstags, jeweils in der 4. und 5. Stunde. Freitags in der 6. Stunde hat die Schule eine zusätzliche Lesestunde im Fach Deutsch (Les D) eingerichtet. Euer Englischunterricht (E) findet Montag und Mittwoch in der 1. Stunde statt, Musik (Mu) am Montag und Freitag in der 2. Stunde. Am Freitag in der 4. und 5. Stunde liegt der Kunstunterricht (Ku). Der Förderunterricht findet in zwei ersten Stunden statt, im Fach Deutsch (Fö D) am Donnerstag und im Fach Mathematik (Fö Ma) am Dienstag."

	Montag	Dienstag	Mittwoch	Donnerstag	Freitag
1.					
2.					
3.	Ma				
4.					
5.					
6.					

2 Stimmen die Aussagen? Kreuze an.

3 Schreibe selbst eine Aussage in die freien Zeilen.

	stimmt	stimmt nicht
Die Klasse hat drei Stunden Sachunterricht in der Woche.		
Dienstags hat diese Klasse kein Deutsch.		
Es gibt insgesamt 3 Stunden Musikunterricht in der Woche.		
An drei Tagen können die Kinder später kommen, wenn sie nicht am Förderunterricht teilnehmen.		
______________________		
______________________		

Sich in eine Figur hineinversetzen

1 Lies den Text und den Comic. Beantworte die Fragen.

Adrian

Die 1. Stunde hat eigentlich schon vor fünf Minuten angefangen. Die Kinder der Klasse 3a wundern sich. Sonst kommt Herr Lehmann doch nie zu spät. In diesem Moment geht die Klassenzimmertür auf und Herr Lehmann kommt in den Raum. Neben ihm steht ein unbekannter Junge. „Das ist Adrian", sagt der Lehrer. „Er ist neu in unsere Gegend gezogen und ist ab heute euer Mitschüler. Seid nett zu ihm." An Adrian gewandt fährt er fort: „Aber vielleicht stellst du dich selbst vor."

Warum spricht Adrian nicht, als er dazu aufgefordert wird?

Stell dir vor, du bist Adrian: Wie fühlst du dich?

2 Was können die anderen Schüler der Klasse 3a tun, um es Adrian leichter zu machen?

Lob aufschreiben

1 Lies die Karten. Male nur die Karten grün aus, auf denen ein echtes Lob steht.

Alle haben nach dem Basteln die Papierreste in den Papierkorb geworfen. Prima!

Ich freue mich, wenn keiner nach der Pause zu spät zum Unterricht kommt.

Es wäre toll, wenn alle den Elternbrief morgen unterschrieben wieder mitbringen.

Es ist super, dass Franka den Gedichtvortrag mit Vincent noch einmal geübt hat.

Es wäre schön, wenn bei Milas Referat alle gut zuhören.

Spitze, dass ihr nach der Feier den Klassenraum gemeinsam wieder aufgeräumt habt.

Toll, dass du mir die Hausaufgaben richtig gut erklärt hast. Jetzt habe ich sie verstanden.

Es ist großartig, dass alle rechtzeitig zum Kuchenverkauf auf dem Schulfest gekommen sind. Auf euch kann man sich wirklich verlassen.

2 Wähle zwei nicht markierte Karten aus.
Schreibe sie so um, dass es wirklich ein Lob oder eine gute Tat wird.

Schreibe ein Lob für ein anderes Kind auf und verschenke es.

Name: ______________________

Nomen

1 Finde alle Nomen und markiere sie.
Sie sind waagerecht ⟶ und senkrecht ↓ und diagonal ↘ versteckt.

W	K	S	E	K	R	E	T	Ä	R	I	N	I
G	H	S	I	L	Ö	W	E	N	Z	A	H	N
F	Ä	L	M	E	I	C	H	E	E	B	S	E
M	F	N	U	T	M	S	H	E	I	L	F	R
A	B	E	S	T	H	C	B	Q	C	A	A	Z
R	U	T	I	E	D	H	H	Q	H	U	A	I
I	N	U	K	R	B	U	V	U	H	M	N	E
E	T	R	L	G	C	L	C	Y	Ö	E	S	H
N	S	N	E	E	B	F	Ü	E	R	I	P	E
K	T	H	H	R	I	R	S	M	N	S	I	R
Ä	I	A	R	Ü	R	E	P	B	C	E	T	I
F	F	L	E	S	K	U	A	R	H	H	Z	N
E	T	L	R	T	E	N	T	C	E	G	E	B
R	X	E	T	N	M	D	Z	R	N	H	R	N

Achtung! Zusammengesetzte Nomen zählen als ein Wort. Zum Beispiel Musiklehrer.

Ich habe insgesamt 16 Wörter gefunden.

2 Schreibe die gefundenen Wörter mit dem bestimmten Artikel geordnet auf.

4 Menschen: ______

4 Tiere: ______

4 Pflanzen: ______

4 Dinge: ______

Adjektive

1 Bilde zusammengesetzte Adjektive.

 + kalt ______  + schnell ______

 + alt ______  + glatt ______

 + blank ______ 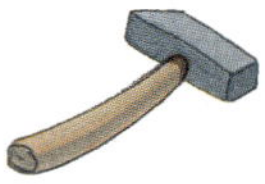 + hart ______

 + rot ______  + hoch ______

 + dick ______  + leicht ______

2 Löse das Logical. Lies die Sätze, male richtig aus und ergänze die Namen.

1. Der größte Turnbeutel ist gelb-blau gepunktet.
2. Mareike nimmt zum Sport immer ihre rote Trinkflasche mit.
3. Lars trägt immer eine kurze schwarze Turnhose.
4. Das blau-weiß gestreifte T-Shirt gehört nicht Ali.
5. Die gemusterte violette Leggings gehört nicht den Jungen.
6. Alis Trikot und seine Sporthose sind einfarbig hellblau.

Dieser Turnbeutel gehört ______

Das ist der Turnbeutel von ______

Dieser Turnbeutel gehört ______

Verschiedene Satzarten

1 In diesem Text wurden vier falsche Satzzeichen verwendet. Finde die Fehler, streiche sie durch und schreibe das richtige Zeichen darüber.

In der nächsten Woche steht der erste Ausflug in diesem Schuljahr an. Wohin wird

es wohl dieses Mal gehen! Frau Herrmann macht es spannend, doch dann verrät

sie es uns doch. Wir gehen in den Zoo. Hurra. Ob wir das kleine Eisbärjunge sehen

können. Alle freuen sich riesig auf den nächsten Dienstag?

2 Überlege dir Fragen, Ausrufe und Aufforderungen für die Sprechblasen und schreibe sie mit den richtigen Satzzeichen auf.

Denke dir eine weitere Situation aus und male sie in den leeren Kasten.

Wörter nach dem Alphabet ordnen

1 Schreibe alle Wörter aus der Mind-Map alphabetisch geordnet auf.

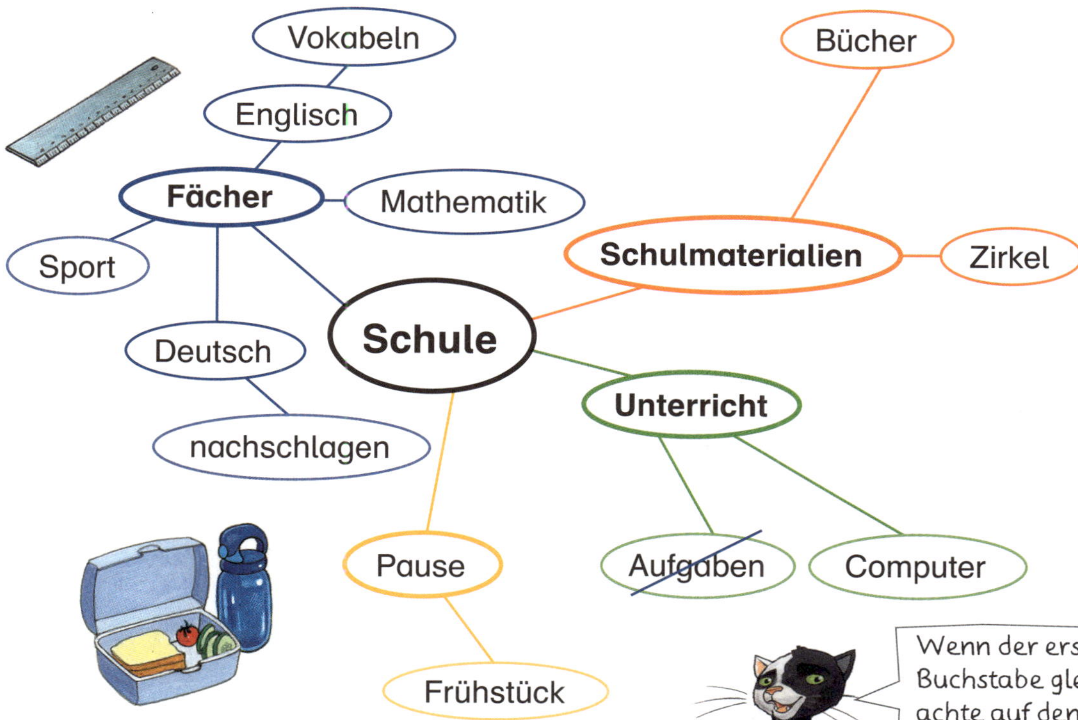

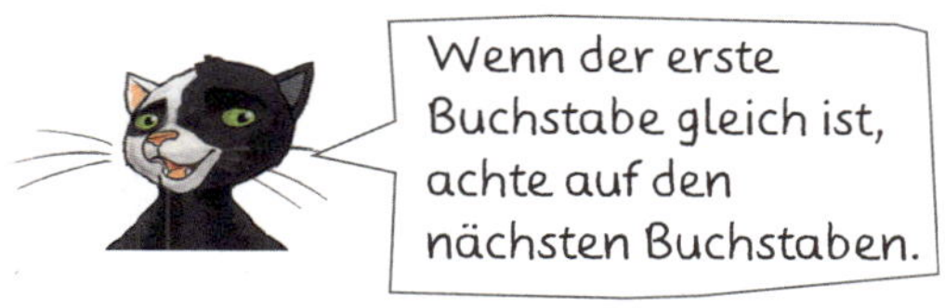

Aufgaben	____________
B_____ (6)	________
________ (2, 5)	________ (4)
________	________________
________	________ (7)
________	____________
________ (8)	________ (1)
____________ (9)	________ (3)

Lösungswort:

1	2	3	4	5	6	7	8	9

Verwandte Wörter finden

1 Finde zu jedem Wort zwei verwandte Wörter mit **a** oder **au**.

Gelächter	ä ⟷	________	, ________
färben	ä ⟷	________	, ________
Verkäufer	äu ⟷	________	, ________

2 Verbinde die verwandten Wörter und ergänze die fehlenden Buchstaben **ä/a** oder **äu/au**.

n_ä_chste	H___fen
h___fig	fl___ch
Gr___ber	___nders
Geb___de	b___en
erkl___ren	kl___r
Fl___che	n_a_ch
___ndern	Gr___b

3 Markiere das Fehlerwort in jeder Reihe.
Finde zu jedem Wort ein verwandtes Wort.

b/p ⟷	halb	Typ	Korb	Verp
	________	________	________	________
g/k ⟷	Zwerg	Zank	fleißik	fertig
	________	________	________	________
d/t ⟷	Wort	Lied	Bood	Hand
	________	________	________	________

Name: ________________________

STARK: Alle Strategien üben

1 Finde die Fehler im Text und markiere sie.

Büchereibesuch 0

Jeden ersten Mittwoch im Monad besuchn wir mit unserer 2
deutschlehrerin die Stadtbibliothek. Wir leihen bücher zu 2
unsrem Thema im Sachunterricht aus und geben eine 1
Empfehlunk an ein anderes Kind weiter, wenn ein Buch 1
besonders tol war. Am libsten lese ich Tiergeschichten. 2

2 Schreibe jedes Fehlerwort richtig auf.
Schreibe die passende Strategie dazu.

3 Achtung, Fehler! Kreuze in jeder Zeile das richtig geschriebene Wort an und schreibe das Lösungswort auf.

S	☐	die Beuche	B	☐	die Bäuche	T	☐	die bäuche
E	☐	der Erfolck	A	☐	der Erfolk	U	☐	der Erfolg
C	☐	die Biene	L	☐	die Bine	R	☐	die biene
L	☐	länga	T	☐	lenger	H	☐	länger

Lösungswort: ___ ___ ___ ___

Name: ______________________________

Geheimschrift

Wanja hat mithilfe des Alphabets in einer Geheimschrift geschrieben.
Entrรคtsele seine Antworten.

Was ist dein Lieblingsfach?

L	T	R	H	J
M				

Mein Lieblingsfach ist

Wie heiรŸt dein bester Freund?

A	D	M

Er heiรŸt

Spielst du ein Instrument?

S	Q	N	L	O	D	S	D

Ich spiele

Und jetzt du!

Schreibe in Geheimschrift auf.
Lass es ein anderes Kind lรถsen.

Dein Lieblingstier:

Dein Hobby:

Deine Idee: Mein ____________________

Scherzfrage

Welches Wort wird immer falsch geschrieben?

CLAHFS

FALSCH

Informationen im Text finden

1 Lies den Text.
Kreuze die richtigen Aussagen an und schreibe das Lösungswort auf.

Die Arbeit des Kartoffelbauern

Im Frühjahr legt der Bauer die Kartoffelknollen in die Erde. Von jetzt an muss er dafür sorgen, dass sie gut wachsen. Er legt sie deshalb in Erdhaufen, sogenannte Erddämme. So sind die Knollen vor Kälte und Staunässe geschützt und mit Erde bedeckt. Damit sie immer gut mit Nährstoffen versorgt werden, düngt er sie. Wenn nicht genug Regen fällt, muss er zusätzlich wässern, damit die Pflanzen nicht vertrocknen. Eine weitere wichtige Aufgabe ist der Pflanzenschutz. Damit die Kartoffelpflanzen kräftig werden und unter der Erde große Kartoffeln wachsen, muss er üppiges Unkraut entfernen und Schädlinge wie Kartoffelkäfer bekämpfen. Gleichzeitig aber muss er Kleinstlebewesen, die den Boden locker machen, schützen. Nach so viel Einsatz und Sorge kann er hoffentlich im Sommer eine reiche Ernte einfahren.

Es ist wichtig, dass die Knollen mit Erde bedeckt sind.	☐	P
Wenn es regnet, werden die Kartoffelknollen mit Mützen zugedeckt.	☐	O
Kartoffeln müssen gedüngt werden.	☐	R
Dünger versorgt Pflanzen mit wichtigen Nährstoffen.	☐	E
Die Kartoffelpflanzen trinken das Regenwasser mit einem Papierröhrchen.	☐	S
Bei Trockenheit muss der Bauer zusätzlich wässern.	☐	I
Das Unkraut steckt die Nährstoffe in den Boden, deshalb darf es nicht entfernt werden.	☐	U
Kleinstlebewesen lockern den Boden auf.	☐	S
Die Kartoffelkäfer verteidigen die Kartoffelknollen.	☐	T

Lösungswort: Ohne Fleiß kein ____ ____ ____ ____ ____!

Name: ______________________________

Ein Schaubild lesen

1 In der Mensa der Regenbogen-Grundschule werden innerhalb eines Monats verschiedene Gerichte aus Kartoffeln angeboten.
Kreuze an, welche Aussagen du dem Schaubild entnehmen kannst.

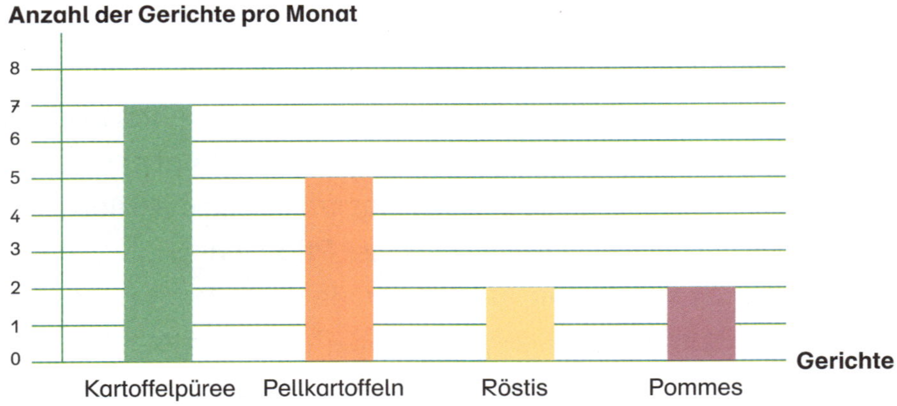

Das Schaubild zeigt, …

- ☐ dass Kartoffelpüree und Pommes am häufigsten zubereitet werden.
- ☐ dass Röstis und Pommes nur selten zubereitet werden.
- ☐ dass Röstis am liebsten gegessen werden.
- ☐ dass Kartoffelpüree das am häufigsten zubereitete Kartoffelgericht ist, aber nicht gleich das beliebteste sein muss.

2 Kreuze an, welches Kreisdiagramm zum oberen Schaubild passt.
Erkläre, wie du vorgegangen bist.

☐ 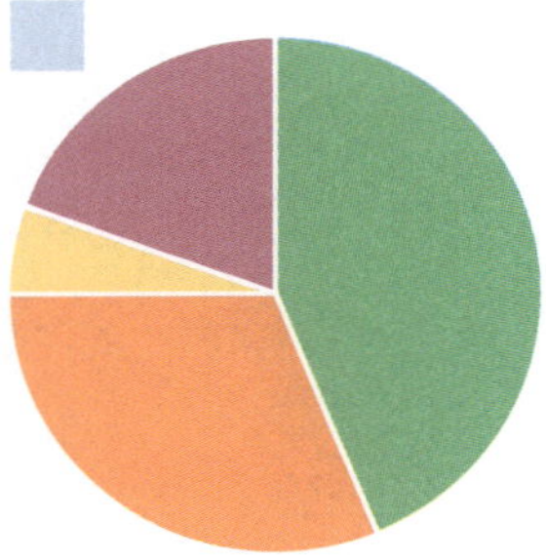

☐ 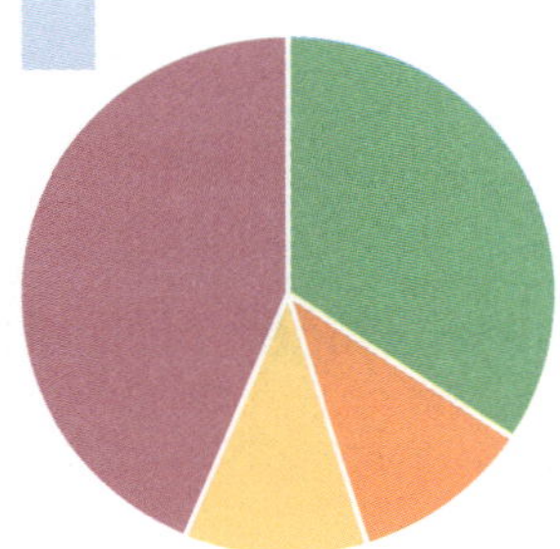

☐ 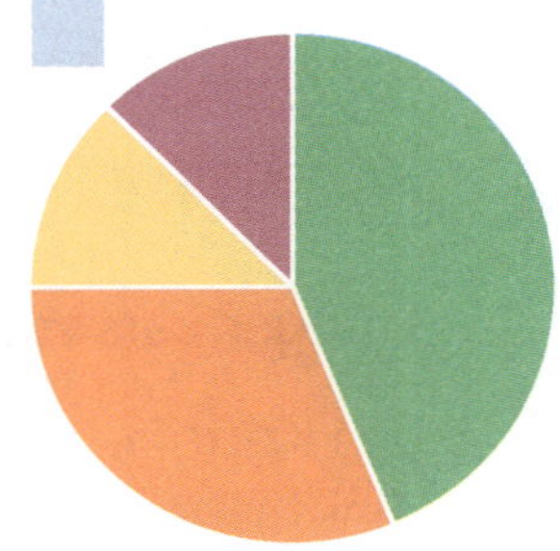

Treffende Verben finden

1 Finde in der Wörterschlange Verben der Wortfamilien **sprechen** und **regnen** und notiere sie. Die überflüssigen Buchstaben ergeben ein Lösungswort.

sstotterncschüttenhplaudernlrufenätröpfeln nschreienggießeneprasselnlplappernnnieseln

sprechen: ______________________

____

regnen: ______________________

____

Lösungswort: ___ ___ ___ ___ ___ ___ ___ ___ ___ ___

2 Lies den Text. Überlege dir passende Verben und füge sie ein.

Vom Feld zum Supermarkt

Der Bauer ________ die Kartoffeln in die Erde. Dort ________ sie mehrere Monate. Dann ________ der Bauer mit dem Kartoffelroder und ________ die Kartoffeln. Die Erntehelfer ________ sie in Kisten und ________ sie ins Lager. Dort werden sie nach ihrer Größe ________.

Anschließend werden sie ________

und im Supermarkt

oder Bioladen ________.

Verben

1 Würfle immer dreimal und bilde lustige Sätze. Trage deine Würfelaugen ein und schreibe die Sätze in der passenden Personalform auf.

Würfel	Person	Grundform	
⚀	Ich	grillen	auf dem schaukelnden Fischerboot.
⚁	Du	träumen	auf der großen Wiese im Park.
⚂	Tinto	hüpfen	in der Hängematte am alten Baum.
⚃	Wir	balancieren	im Toten Meer.
⚄	Ihr	angeln	auf dem schmalen Fahrradsattel.
⚅	Die Kinder	kraulen	auf dem dünnen Seil im Hochseilgarten.

2 Welches Wort passt nicht? Streiche es durch.

kochen • kocht • koche • köchst • kochst

wächst • wachsen • wächsen • wachst • wachse

esse • isst • issen • esst • essen

backst • backt • backen • bäcken • backe

Wortbausteine verändern Verben

1 Lies den Text. Markiere die 13 Verben, die keinen Sinn ergeben und schreibe sie mit dem richtigen Baustein auf die Linie.

Gefahr auf dem Kartoffelfeld

Kartoffel Kurti vorgnügt sich in der Ecke des Kartoffel-

feldes. Ewig hätte er der kleinen Feldmaus losschauen

können. Plötzlich zumerkt er einen schwarzen Schatten.

Schon sieht Kurti, wie der getigerte Kater Leo verspringt

und zerbeißen will. Das Mäuschen aber weiß, dass

es ausquieken muss so laut es kann. Vor Schreck muss

Leo es einlassen. Die Maus kann schnell weghuschen

und absteckt sich in einem Kaninchengang. Kurti will

den Kater auflenken, aber der hat schon sein nächstes

Opfer bedeckt: einen Spatzen. Der wachsame Vogel

isst flink einen Regenwurm und zuwischt so dem

Kater. Die Tiere bekommen der Gefahr und Kurti

anbringt den Abend entspannt in seiner Ecke.

2 Welches Verb gibt es nicht? Streiche durch.

verlesen • vorlesen • ablesen • zulesen • überlesen

anmalen • abmalen • entmalen • vormalen • aufmalen

anfahren • freifahren • ausfahren • überfahren • vorfahren

Name: ____________________

Wörter mit doppelten Mitlauten

1 Lies den Text. Entscheide mit der Lang-Kurz-Probe, welche Buchstaben falsch sind, und streiche sie durch.
Markiere den kurzen Selbstlaut mit einem • und den langen Selbstlaut mit einem – .

Eine Kartoffel erzählt

Mein Name ist Knollina und ich liege ganz vorne am Erdda(m/mm). Hier unten ist es vö(l/ll)ig dunkel. Ab und zu ko(m/mm)t eine Larve vorbei und kitzelt mich. Vorsichtig strecke ich meine dü(n/nn)en Keime aus. Vielleicht ka(n/nn) ich so die he(l/ll)en, warmen So(n/nn)enstrahlen spüren. Plötzlich ko(m/mm)t ein kna(t/tt)ernder Traktor angefahren. Das macht mich ein bisschen nervö(s/ss). Hui, er tuckert ganz kna(p/pp) an mir vorbei. Glück geha(b/ bb)t! Gu(t/tt), dass die vielen Karto(f/ff)elkäfer mich am Feldrand verge(s/ss)en ha(b/bb)en. Sie kna(b/bb)ern so gerne unsere Blä(t/tt)er ab und werden da(n/nn) dick und fe(t/tt). Jetzt leuchten meine Blü(t/tt)en ganz he(l/ll). Bald verlieren sie a(l/ll) ihre Kraft und vertrocknen. Aber bis zur Ernte meiner Tochterkno(l/ll)en vergehen noch ein paar Wochen. Da(n/nn) versuche ich mich vor den Erntehelfern zu verstecken, damit ich nicht in den vo(l/ll)en Kisten lande und ins La(g/gg)er gebracht werde. Ich möchte lieber in der Erde blei(b/bb)en.

2 Was ist falsch? Markiere den Fehler und schreibe das Wort richtig darüber.

mallen	kletern	die Supe	der Löfel
hollen	schieff	das Schif	kenen

Wörter mit V oder v (M)

1 Schreibe das passende Wort mit **V** zum Bild.
Schlage im Wörterbuch nach und notiere die Seite.

Verkäufer S. ___

___ S. ___

___ S. ___

___ S. ___

___ S. ___

___ S. ___

2 Diese Wörter wurden rückwärts geschrieben.
Lies sie und schreibe sie richtig auf.

SÖVREN		TTELOIV	
GITHCISROV		TAVIRP	
REVOLLUP		LAVO	

3 Finde in jedem Kasten das Wort, das nicht mit **W** oder **F** geschrieben wird.
Streiche es durch und schreibe es richtig auf.

Wand • Watte • Wase • Warze

Ferien • Fahrt • Fahrrad • Forhang

Windel • Wioline • Witz • Winter

Fater • Fähre • Frucht • Fahne

Wort • Wolke • Woche • Werb

Freude • Feuer • Forteil • Falte

Name: ______________________

Länge des Selbstlautes prüfen

1 Finde die waagerecht → und senkrecht ↓ versteckten Wörter und markiere sie.

N	Y	L	A	S	S	E	N	F	H
A	B	Q	H	A	S	S	E	N	J
S	E	W	K	Ö	S	C	H	A	L
S	T	E	S	C	H	A	L	L	A
E	T	N	Ü	L	A	P	O	V	S
D	E	N	N	Z	S	D	Q	B	E
V	N	A	S	E	E	E	W	E	N
B	E	T	E	N	N	N	Ü	X	Ä

2 Mache mit jedem Wort die Lang-Kurz-Probe und ordne in die Tabelle ein.

Langer Selbstlaut + ein Mitlaut	Kurzer Selbstlaut + doppelter Mitlaut

3 Schreibe zwei Sätze mit den Wörtern **beten** und **Betten**.

STARK: Alle Strategien üben

1 Finde die Fehler im Text und markiere sie.

Kartoffeln, Kartoffeln	0
In Deutschland werden mehr als 200 kartoffelsorten angebaut.	1
Die frühen Sorten haben eine dünne Schalle. Die späten Sorten	1
habn eine dike Schale und können gelagert werden. Es gipt auch	3
Pflanzen, die Kartoffeln heißen, aber keine sind. Ein beispiel ist	1
die Süßkartoffel. Sie stamt aus einer anderen pflanzenfamilie.	2

2 Schreibe jedes Fehlerwort richtig auf.
Schreibe die passende Strategie dazu.

3 Achtung, Fehler! Kreuze in jeder Zeile das richtig geschriebene Wort an und schreibe das Lösungswort auf.

O ☐ schmeken	P ☐ Schmecken	E ☐ schmecken
K ☐ das fett	R ☐ das Fett	S ☐ das Fet
B ☐ ferschenken	C ☐ verschencken	N ☐ verschenken
T ☐ die Vitamine	U ☐ die Witamine	V ☐ die vitamine
D ☐ stuhm	I ☐ stum	E ☐ stumm

Lösungswort: ___ ___ ___ ___ ___

Name: ______________________

Sprichwörter

Verbinde die Sprichwörter mit der richtigen Erklärung.

Rein in die Kartoffeln, raus aus den Kartoffeln.	Jemand hilft anderen und riskiert dabei etwas. Er hält treu zu den anderen.
Die dümmsten Bauern haben die dicksten Kartoffeln.	Jemand hat Erfolg, ohne viel dafür getan zu haben. Er hat sich nicht sehr angestrengt oder sehr viel Glück gehabt.
Für jemanden die Kartoffeln aus dem Feuer holen.	Jemand kann sich nicht entscheiden, hat immer wieder andere Ideen und entscheidet sich immer wieder um.

Kartoffelreim

Lorbeer macht nicht satt.
Besser, wer Kartoffeln hat.

Scherzfrage

Wie heißt das Reh mit Vornamen?

Kartoffelpü

Zungenbrecher

Lies den Zungenbrecher mehrmals schnell hintereinander.

Es klebt in meinem Kannenset Kartoffelpufferpfannenfett.
Kartoffelpufferpfannenfett klebt in meinem Pfannenset.

Wörter mit V

Verbinde die Begriffe mit den Erklärungen.

Vision	Damit wird das Einlassen von Luft gesteuert.
Verlies	Es ist sowohl ein Planet als auch ein Name.
Ventil	Einen Traum oder eine Vorstellung haben.
Venus	Ein unterirdisches Gefängnis, auch Kerker genannt.

Name: ______________________________

Stichworte in einem Sachtext finden

1 Lies den Text. Streiche die falschen Stichworte und schreibe das Lösungswort auf.

Wasserfledermaus

Wasserfledermäuse leben an Wasserhähnen (S)/ an Seen, Teichen und Flüssen (T)/ tief im Ozean (M). Sie fressen Meeresschildkröten (I)/ Froschschenkel (T)/ Insekten (O), die an der Wasseroberfläche leben. Dafür haben sie eine besondere Technik: Beim Einfangen nutzen sie ihre Schwanzflughaut wie einen Kescher (L)/ ihre Stoßzähne wie einen Speer (O)/ ihre Fangohren wie einen Einkaufsbeutel (S). Die Wasserfledermaus jagt dabei kilometertief im Meer (T)/ ganz knapp über der Wasseroberfläche (L)/ hoch in der baumfreien Zone des Hochgebirges (P).

Lösungswort: ____ ____ ____ ____!

2 Markiere selbst Stichworte und schreibe sie auf die Linien.

Fledermäuse in Gefahr

Windräder sind für Fledermäuse gefährlich.

Die roten Lampen locken die Tiere an.

Die Rotorflügel können sie treffen und töten.

Schon die Luftwirbel lassen die Tiere sterben.

In einigen Gebieten werden Windräder daher abgestellt, wenn Fledermäuse kommen.

3 Wie markierst du Stichworte? Kreuze an.

- ☐ Viel hilft viel. Ich markiere fast alles.
- ☐ Bunt macht‘s rund. Ich achte auf wechselnde Farben.
- ☐ In der Kürze liegt die Würze. Ich markiere so wenig wie möglich.

Name: ____________________

Stichworte finden und anwenden

1 Lies den Text ohne Markierung. Worum geht es hier?
Kreuze die geeignete Überschrift an.

- [ ] Gekippte Fenster als Falle
- [ ] Gardinenstoffe in Schlafzimmern
- [ ] Mittagsschlaf für Urlaubsgäste
- [ ] Fledermäuse als Untermieter

2 Markiere Stichworte.

Manchmal halten Fledermäuse geöffnete Fenster für eine Höhle. Sie fliegen ins Zimmer und krallen sich an der Gardine fest. Dort schlafen sie am Tag. Solche Fledermäuse sollte man nicht wecken und nie anfassen. Die Tiere könnten zubeißen und so Krankheiten übertragen. Tipp: Fenster einfach abends offen lassen! Die Fledermaus wird abends zur Jagd ausfliegen. Danach muss das Fenster zu sein, damit sie das Zimmer nicht zum Winterquartier macht.

Manchmal halten Fledermäuse geöffnete Fenster für eine Höhle. Sie fliegen ins Zimmer und krallen sich an der Gardine fest. Dort schlafen sie am Tag. Solche Fledermäuse sollte man nicht wecken und nie anfassen. Die Tiere könnten zubeißen und so Krankheiten übertragen. Tipp: Fenster einfach abends offen lassen! Die Fledermaus wird abends zur Jagd ausfliegen. Danach muss das Fenster zu sein, damit sie das Zimmer nicht zum Winterquartier macht.

3 Wie findest du Oles Stichworte? Begründe.

____

____

____

____

____

____

Eine Mind-Map schreiben

1 Sieh dir die Mind-Map zur Alpenfledermaus an. Ordne die Stichworte den Oberbegriffen zu und schreibe jede Zahl an die richtige Stelle.

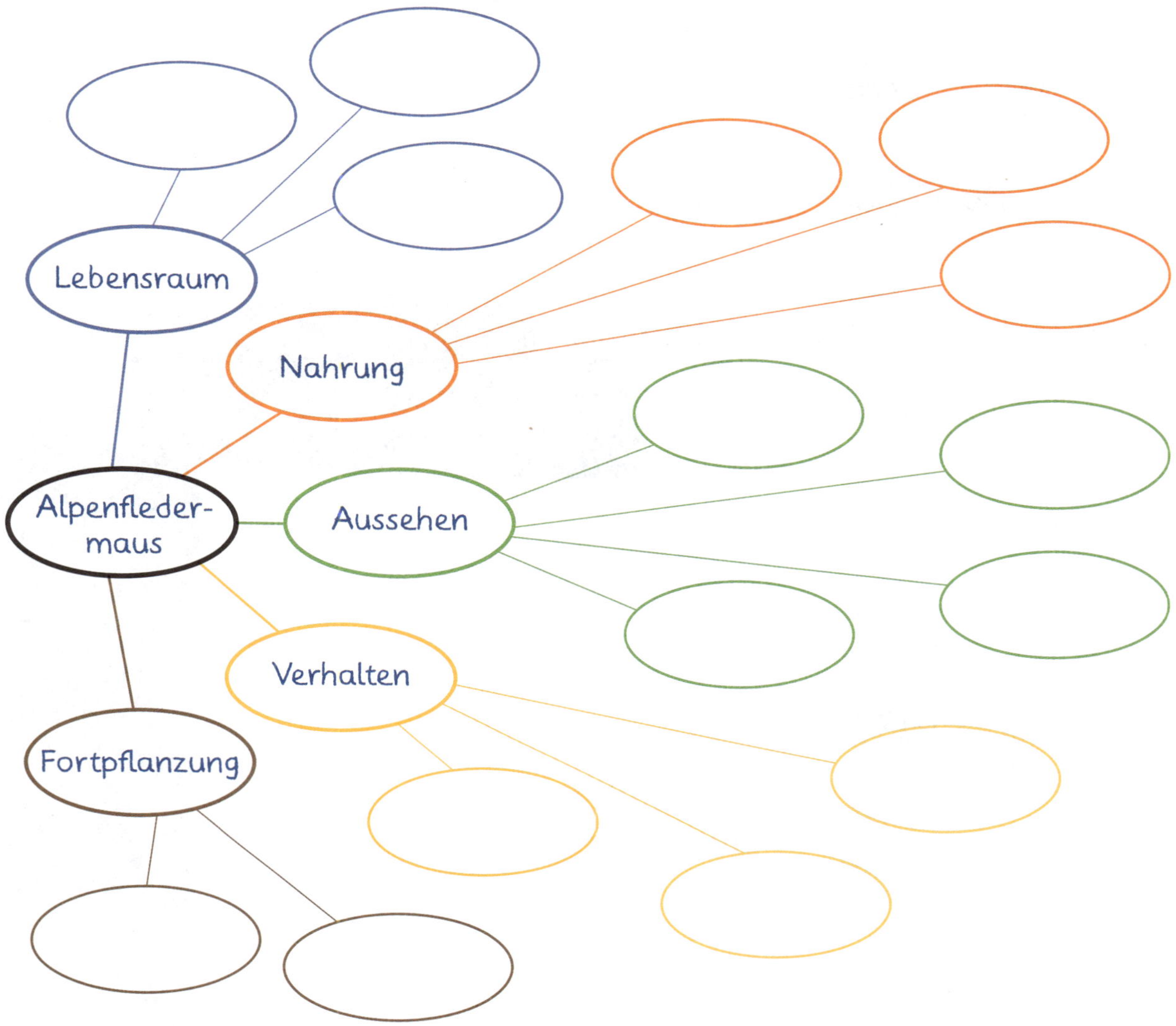

1 klein und leicht | **2** nachtaktiv | **3** Fliegen | **4** lebt in großer Höhe | **5** Quartier in Felsspalten | **6** breite, runde Ohren | **7** langes, hellbraunes Fell | **8** Mücken | **9** wandert bis 250 km weit | **10** im Juli zwei Junge

2 Lies den Text und markiere weitere Eigenschaften der Alpenfledermaus. Ergänze die freien Stellen in der Mind-Map mit der passenden Zahl.

11 Alpenfledermäuse leben unter anderem in den Alpen. **12** Sie jagen vor Sonnenuntergang. **13** So erbeuten sie auch Schmetterlinge. **14** Die Tiere haben eine Flügelspannweite von 22 cm. **15** Bei der Geburt wiegen die Jungtiere 1,2 g.

Name: ______________________________

Verben: Grundform, Personalform

1 Markiere die jeweils zusammengehörenden Fledermäuse in drei verschiedenen Farben.

singt · wandere · schnappen · singen · wanderst · schnappt · singst · schnappst · wandert · singe · wandern · schnappe

2 Schreibe die richtige Personalform auf.

sehen	
ich	
du	
er, sie, es	sieht
wir	
ihr	
sie	

riechen	
ich	
du	
er, sie, es	riecht
wir	
ihr	
sie	

3 Welche Personalformen passen nicht zu **schmecken**? Streiche durch.

schmecke	stinkt	schmachte
schuppt	schwimme	schmiegst
schielen	schmeckst	schmollst
schwitzt	schmeckt	staunen
schmecken	schnalzen	schaut
schmeckt	schmecken	schrauben

Name: ______________________

Wortstamm und Wortfamilie

1 Hier sind zwei Texte durcheinandergeraten. Markiere in zwei Farben.

2 Schreibe alle Wörter mit dem Wortstamm **jung** auf die Linien.

Nachwuchs

Ende Mai bis Mitte Juli werden Fledermausjunge geboren. Jungen und Mädchen der Menschen kommen das ganze Jahr zur Welt. Häufig hängt die Mutter bei der Geburt mit dem Kopf nach oben. Die Geburt ist für die junge Familie aufregend und wird mit Jung und Alt gefeiert. Die Jungtiere kommen blind und mit spitzen Zähnen zur Welt. Sie haben große Füße, aber kleine Flügel. Gleich nach der Geburt werden

alle Jungen und Mädchen gewogen und gemessen. Sie suchen sofort nach den Milchzitzen in der Achselgegend der Mutter. Auch die jüngsten Fledermäuse können sehr bald fliegen.

Wortstamm **jung**: ______________________

____

____

3 Bilde zehn Wörter mit dem Wortstamm **beiß / biss**. Schreibe sie auf.

zu | ab | ver | ge | durch — **beiß / biss** — en | ig | t | e

____

____

____

____

Verben im Wörterbuch finden

1 Sortiere die Verben nach dem Abc und nummeriere.

☐ aufziehen (R)	☐ aufstampfen (G)	☐ aufschrauben (A)
☐ aufschrecken (U)	☐ aufmachen (U)	☐ aufschieben (S)
☐ aufstehen (E)	☐ aufplatzen (T)	☐ aufatmen (B)
☐ aufkratzen (L)		

Lösungswort:

1	2	3	4	5	6	7	8	9	10

2 Überlege, ob du die Wörter so im Wörterbuch findest.
Schreibe das Suchwort auf und notiere die Seitenzahl.

fliegst	____	S.	blieb	____	S.
aufhängen	____	S.	sehen	____	S.
schläft	____	S.	beißt	____	S.
abgestellt	____	S.			
geschneit	____	S.			
aussaugen	____	S.			
geklungen	____	S.			

3 Was hast du beim Heraussuchen festgestellt? Schreibe auf.

____

____

____

Name: ____________________

b oder p, d oder t, g oder k? ↔

1 Ergänze die Wörter mit **b** oder **p**, **d** oder **t**, **g** oder **k**.
Male alle Felder blau aus, in denen Wörter stehen, die auf **b**, **d** oder **g** enden.

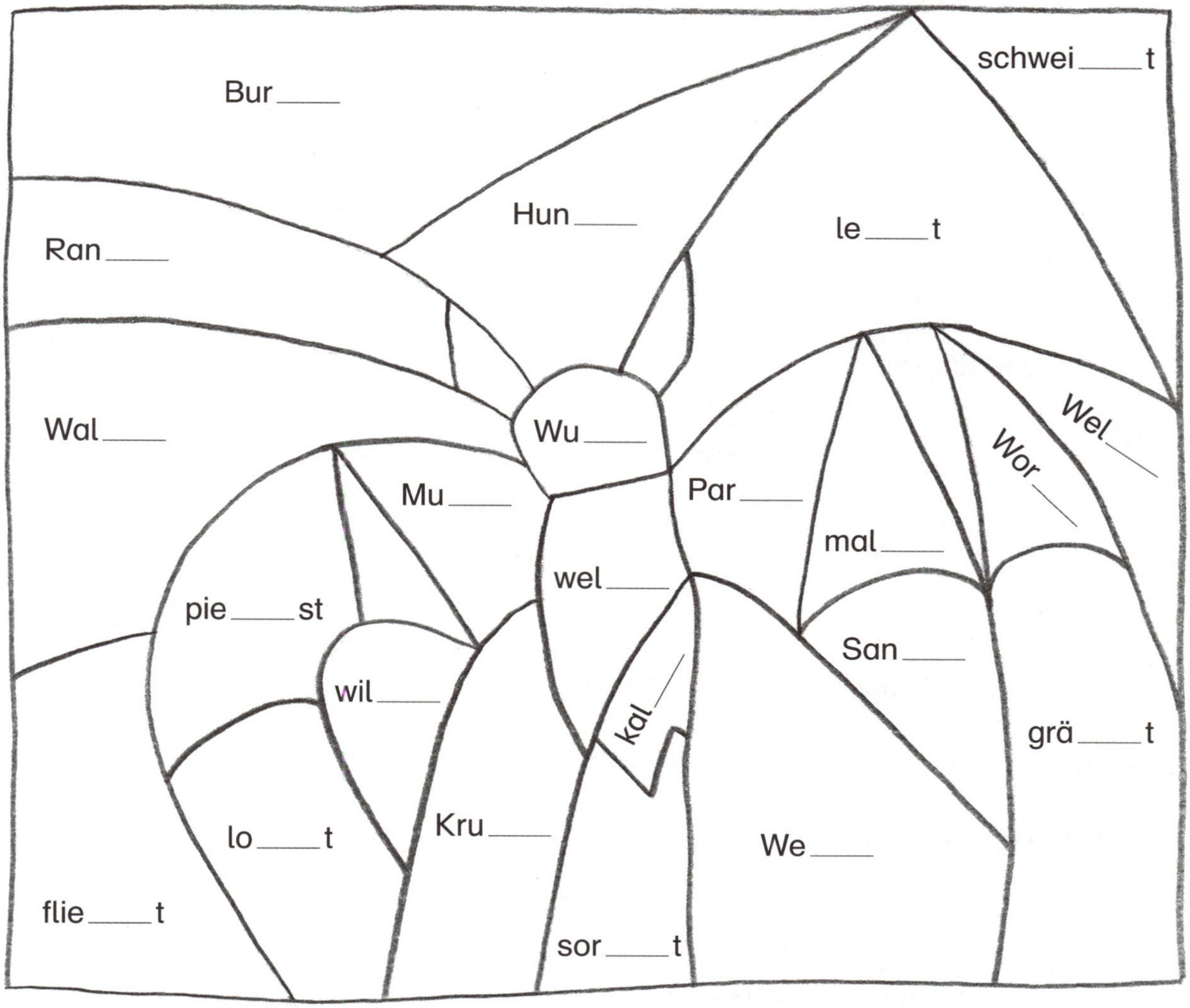

2 Lies den Text. Ergänze die fehlenden Buchstaben **b** oder **p**, **d** oder **t**, **g** oder **k**.

Höhlenmalerei

Wir wissen nicht, o___ Fledermäuse gu___ in Kuns___ sin___,
denn es wurde noch nie ein Bil___ von einer Fledermaus gefunden.
Es wäre aber spannen___, wenn es an einem fernen Or___ in einer
Ber___höhle einen Fun___ gi___t, der bele___t, dass
Wan___malerei auch bei Fledermäusen vorkomm___.
Was glau___st du? Kommen Höhlenbil___er von Menschen
aus der Steinzei___ oder von Fledermäusen?

Nomen großschreiben

1 Was bedeuten diese Emojis? Verbinde mit dem Nomen für das Gefühl.

die Liebe	der Zorn
der Stolz	die Freude
die Müdigkeit	die Zufriedenheit
die Trauer	die Scham

2 Lies den Text. Markiere die Nomen für Gefühle.

3 Schreibe die Nomen für Gefühle auf. Ergänze das passende Adjektiv.

Noch mal gut gegangen

Voller Zorn sah Klaus, die Fledermaus, dass die Höhle verschlossen war. Er hatte Sorge, dass er nicht zurück in sein Winterquartier kommen würde. Panik stieg in ihm auf. Gleichzeitig spürte er die Angst, dass niemand an ihn gedacht hatte. Voller Enttäuschung flog Klaus in den Wald. Dort fand er voller Begeisterung eine alte Spechthöhle. Mit Freude zog er sich zum Winterschlaf in das Baumloch zurück.

Zorn	zornig

Name: ______________________

STARK: Alle Strategien üben

1 Finde die Fehler im Text und markiere sie.

So gar nicht mopsig 0

Die Mopsfledermaus ist besonders leicht von andren Arten zu 1
unterscheiden. Ihr fell ist lang und seidik und es ist Schwarz, 3
grau und braun gefärpt. Der Munt und die Zähne sind so klein, 2
dass sie sich nur von Winzigen Insekten ernähren kann. Ihren 1
Namen bekamm sie nur wegen ihrer mopsartigen Schnauze. 1

2 Schreibe jedes Fehlerwort richtig auf. Schreibe die passende Strategie dazu.

3 Achtung, Fehler! Kreuze in jeder Zeile das richtig geschriebene Wort an und schreibe das Lösungswort auf.

S ☐ Flattern	B ☐ flatern	G ☐ flattern
E ☐ der Flughund	A ☐ der Flughunt	U ☐ der flughunt
C ☐ das Seugetier	B ☐ das Säugetier	R ☐ das Seugetihr
U ☐ der Wampir	T ☐ der vampir	I ☐ der Vampir
S ☐ der Baumstamm	T ☐ der Baumstam	A ☐ der baumstamm
L ☐ die Vledermäuse	H ☐ die Fledermeuse	S ☐ die Fledermäuse

Lösungswort: ____ ____ ____ ____ ____ ____

Name: ______________________

Knobelseite

Mäusestark!
Markiere die Wörter einer Wortfamilie in der richtigen Farbe.
Löse das Rätsel.

Hang (M), ruft (G), Wanderer (P), hängt (Ä), Ruf (R), rief (O), Umhang (U), Wanderung (I), Vorhang (S), wandern (L), aufgehängt (E) Wanderweg (O), gerufen (ß), auswandern (T)

Treffen sich zwei ___ ___ ___ ___ ___.

Fliegt eine Fledermaus vorbei. Sagt die eine Maus:

„Wenn ich ___ ___ ___ ___ bin, werde ich auch ___ ___ ___ ___ ___!“

Kreuzworträtsel

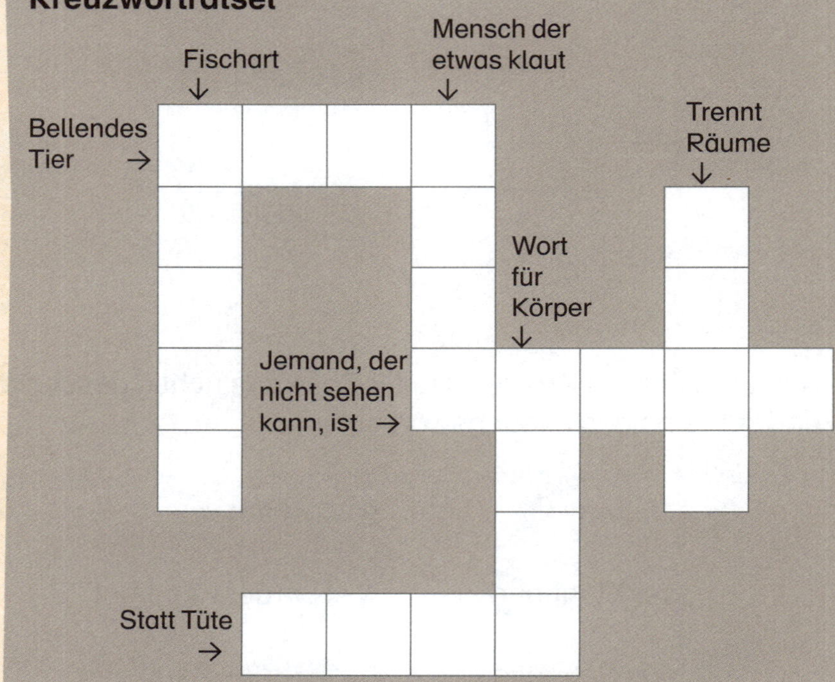

Sportlich, sportlich …
Eine Gruppe Fledermäuse ruht sich in einer alten Scheune aus. Alle hängen kopfüber, bis auf eine, die sitzt aufrecht auf einem Balken. Die Fledermausmutter fliegt zu ihr rüber und fragt besorgt: „Geht es dir nicht gut?“
„Nein, alles bestens“, antwortet die sitzende Fledermaus, „ich mache nur gerade Yoga.“

Name: ______________________

Einen Text lebendig vorlesen

1 Lies die Sprechblasen leise. Überlege, wie Nele und Elias sprechen.

2 Finde Stellen, die dich beim Lesen an die Betonung erinnern. Markiere.

3 Versetze dich in die Situation von Nele und Elias. Welche Sprechblase liest du aufgeregt, ärgerlich, laut, leise, wütend oder traurig vor?

Übe den Text lebendig vorzulesen.

Name: ______________________________

Sich etwas Gelesenes vorstellen

1 Lies den Text. Welcher Koffer gehört Detektiv Sander? Kreuze an.

☐

☐

☐

☐

Detektiv Sander hat einen Lieblingskoffer. Diesen nimmt er am liebsten mit auf Reisen, denn seine allerbeste Lieblingskollegin hat den Koffer mit vielen Kleinigkeiten ausgestattet. Innen ist er mit feinem, kariertem Stoff ausgekleidet. Darin versteckt sind eine Vielzahl geheimer Taschen und Fächer. Auf den ersten Blick erkennt man nur das normale Detektivzubehör: Handschuhe, Fernglas, Funkgerät, Lupe, Pinzette, Notizbuch, Füller. Aber auf den zweiten Blick kann Detektiv Sander auch Gefundenes verstecken. Kleine Schnallen und Druckknöpfe sind als Verschlüsse befestigt, so dass nichts im Koffer herumfliegen kann.
Beim letzten Detektivtreffen ist dieser besondere Koffer leider vertauscht worden. Dummerweise sehen die gefundenen Koffer fast alle gleich aus. Alle sind weinrot und etwas verschrammt. Jeder Koffer hat an den Ecken silberne Kantenschoner mit leicht verrosteten Schrauben. Der Griff ist aus dunkelbraunem Kunstleder. Detektiv Sander hat schon in einigen Hauptstädten Europas Fälle gelöst. Das ist auf dem Koffer sichtbar: Rom – Paris – London – Berlin – Wien. Ein Aufkleber aus jeder Stadt ist auf der Vorderseite.

2 Markiere die Informationen, die den Koffer von innen beschreiben.

3 Fertige nun eine Zeichnung des geöffneten Koffers an.
Male den Inhalt des Koffers so, wie er im Text beschrieben wird.

Name: ______________________________

Einen Text verstehen

1 Lies den Text genau. Überlege, wer sich in der Höhle aufhält.

Die Bärenhöhle

Am liebsten lauschte Tom seinem Großvater, wenn er abends vor dem Kamin seine Geschichten erzählte. Dazu kuschelten sich beide unter Opas karierte Lieblingsdecke. Ab und zu durfte Tom Schokolade naschen. Vor allem die in goldene Folie verpackten Stücke ließ sich Tom genussvoll auf der Zunge zergehen. Immer wieder wollte Tom Opas Geschichte von der Bärenhöhle hören. So genau, wie Großvater alles beschreiben konnte, musste es die Höhle doch wirklich geben.

So machte Tom sich am nächsten Tag mit seinem Freund Paul auf die Suche. Und wirklich – Opas Wegbeschreibung war so exakt. Sie fanden den versteckten Eingang im nahen Wald. Seit einer Stunde beobachteten Tom und Paul von verschiedenen Posten den Eingang, um sofort mitzukriegen, ob wirklich ein Bär dort zu finden war. Es war schon recht unheimlich, so stocksteif im Dickicht zu hocken … KNACKS, das war nur ein morscher Ast!

Auf einmal erinnerte sich Tom an Großvaters geheimen Eingang zur Höhle. Er gab Paul ein Zeichen und sie kletterten vorsichtig auf den Felsen, in dem die Höhle lag. Und wirklich – ein kleiner Felsbrocken ließ sich leicht verschieben – , genau wie Großvater immer erzählt hatte. Die zwei Freunde drängelten sich eng zusammen, damit beide in die Höhle schauen konnten. Zuerst erkannten sie gar nichts, nur völliges Schwarz. Aber langsam gewöhnten sich ihre Augen an die Dunkelheit. Tom erkannte einen riesigen Steinkreis in der Mitte der Höhle, kleine Nischen, kantige Steine und Geröll und da: kleine, goldene Folien. Auch etwas Fell auf einer karierten Decke konnte er auf dem matschigen Boden der Höhle entdecken. Und plötzlich wusste er des Rätsels Lösung.

2 Beantworte die Fragen und markiere die Antworten im Text.

Welche Farbe hat die Folie der Lieblingsschokolade? ___ ___ ___ ___

Wie heißt Toms Freund? ___ ___ ___ ___

Welches Muster hat Opas Lieblingsdecke? ___ ___ ___ ___ ___ ___ ___

Lösungswort: ___ ___ ___

3 Woran hast du erkannt, wer sich in der Höhle aufhält? Begründe.

Eine spannende Geschichte planen

1 Sieh dir das Bild an. Wie kann die Geschichte weitergehen? Male die Fortsetzung.

2 Ordne die Stichworte den Karten zu. Ergänze mit eigenen Worten.

- Räuber, drei Detektivfreunde, Juwelier ☐
- in verwinkelten Gassen nahe dem Marktplatz ☐
- die Detektivfreunde stellen dem Räuber eine Falle ☐
- ein Abend mit Regenwetter im November ☐
- ______________________________ C

  ____

A Wann spielt die Geschichte? Wo spielt sie? Wer kommt darin vor?

B Was für ein spannendes Ereignis passiert?

C Wie löst sich die Spannung wieder auf?

3 Wie endet deine Geschichte? Schreibe Stichworte auf die Karte.

D Wie endet die Geschichte?

____

____

____

Schreibe deine Geschichte auf. Nutze den roten Faden.

Name: ______________________________

Eine spannende Geschichte schreiben

1 Lies den Text. Worum geht es hier? Finde eine geeignete Überschrift.

Eines Abends, als Tina gerade ins Bett gegangen ist, hört sie auf dem Dach ein Geräusch. Es klingt wie ein Kratzen! Könnte es ein Eichhörnchen sein? Oder sind es die Apfelbaumzweige? KRAWUMM!!! Was war das nun wieder? Tina sitzt stocksteif und senkrecht im Bett. War ein Apfel auf das Dach gefallen?
Tina versucht wieder einzuschlafen. Doch da hört sie es wieder. Es klingt wie ein Schnaufen und scheint direkt vom Dachboden über Tinas Zimmer zu kommen.
„Wie gruselig“, denkt Tina und zieht sich die Bettdecke über den Kopf.
Es bleibt unheimlich still. Nichts passiert!
Nach einiger Zeit schaut sie unter der Decke hervor und guckt in Richtung Fenster. Dort schauen sie zwei riesige, leuchtende Augen an. „So groß wie bei einem Monster“, denkt Tina.
Tina geht aus dem Zimmer und geht die Stufen hinunter. Sie geht in die Küche, wo Mama und Papa Karten spielen. Sie sagt ihren Eltern, warum sie nicht schlafen kann.
Zusammen gehen sie in den Garten und gucken. Und tatsächlich: Im Apfelbaum sitzt ein graues Tier mit kleinen Ohren, einem langen, buschigen Schwanz und zwei großen Kulleraugen. Mama lacht: „Sieh nur, ein Siebenschläfer. Die sind sehr selten.“ Papa schlägt vor: „Morgen fahren wir in den Baumarkt und kaufen eine Lebendfalle. Ich kenne eine Wiese mit vielen Obstbäumen. Dort hat er Futter für das ganze Jahr.“

2 Markiere die Textstelle, die weniger spannend geschrieben ist, und schreibe sie um. Verwende dazu passende Wörter und Ausdrücke.

Wörtliche Rede

1 Markiere die wörtliche Rede und setze die Anführungszeichen.

Tumult nach der Sportstunde

Es war Freitag, die Sportstunde war beendet und wieder war das passiert, was seit Anfang des Monats jeden Freitag geschah. Auf den Garderobenhaken in der Mädchenkabine baumelten die Jungenschuhe und umgekehrt.

Lena: ☐ Das kann doch nicht wahr sein. ☐

Anna: ☐ Wer macht das bloß immer? Hört ihr? Die Jungs schimpfen auch schon. ☐

Alle Jungen standen bereits vor der Mädchenkabine.

Jonas: ☐ Jeden Freitag das gleiche Durcheinander. ☐

Michi: ☐ Oje, oje, oje, das gibt Ärger! ☐

Tim: ☐ Wir müssen eine Lösung finden. Lasst uns einen Plan schmieden. ☐

2 Wie geht das Gespräch weiter? Schreibe auf, was die Kinder vorhaben.
Setze die Anführungszeichen.

Begleitsätze

1 Lies den Comic und überlege dir zu jeder Sprechblase einen Begleitsatz.

Detektive unter sich

2 Schreibe jede Sprechblase mit einem passenden Begleitsatz auf.
Setze dabei die richtigen Zeichen.

Diese Wörter können dir helfen:
prahlen, denken, meinen, grummeln, fragen, erklären, übertreiben, meckern.

3 Wie könnte das Gespräch weitergehen?
Schreibe mindestens drei weitere Gesprächsbeiträge mit Begleitsatz.

Wörter mit ß

1 Markiere die zusammengehörenden Verben in der gleichen Farbe.

fressen fraß vergaß schließen beißen

gießen messen maß goss reißen riss

beißt misst frisst vergessen schließt

gießt reißt biss schloss vergisst

2 Schreibe die zusammengehörenden Verben auf.
Markiere das **ß** farbig und den langen Selbstlaut mit einem – .

fressen, er frisst, er fraß

3 Warum werden Wörter wie fressen nicht mit **ß** geschrieben? Begründe.

Schreibe so viele Wörter mit **ß** auf, wie dir einfallen.

Name: ____________________

Wörter trennen

1 Lies den abgeschriebenen Text und markiere die über den Rand hinaus geschriebenen Wörter.

Eine Detektivin kocht

Nach einem langen Tag der Beobachtung verspürt auch eine Detektivin
Hunger. Aus ihrem geräumigen Vorratsschrank nimmt sie Kartoffeln
heraus. Ungeschält gibt sie diese in das kochende, sprudelnde Wasser.
Nun schneidet sie Gemüse: Lauch, Zucchini, Auberginen und Karotten.
In einer gusseisernen Pfanne brät sie das frische Gemüse an. Die gekochten
Pellkartoffeln gießt sie ab. Schließlich richtet sie alles auf einem Teller
an und würzt mit Salz und Pfeffer.

2 Schreibe die markierten Wörter mit Trennstrichen auf.

3 Setze die Silben zu Wörtern zusammen. Schreibe mit Trennstrichen.

HUN BE DE SIT ZER	TO KA ME RA FO	VAT TIV PRI DE TEK

Name: ____________________

Knobelseite

Irrwege

Finde den schnellsten Weg durch das Labyrinth.
Füge die Silben zu **Verben** zusammen und gelange so zum Schatz.

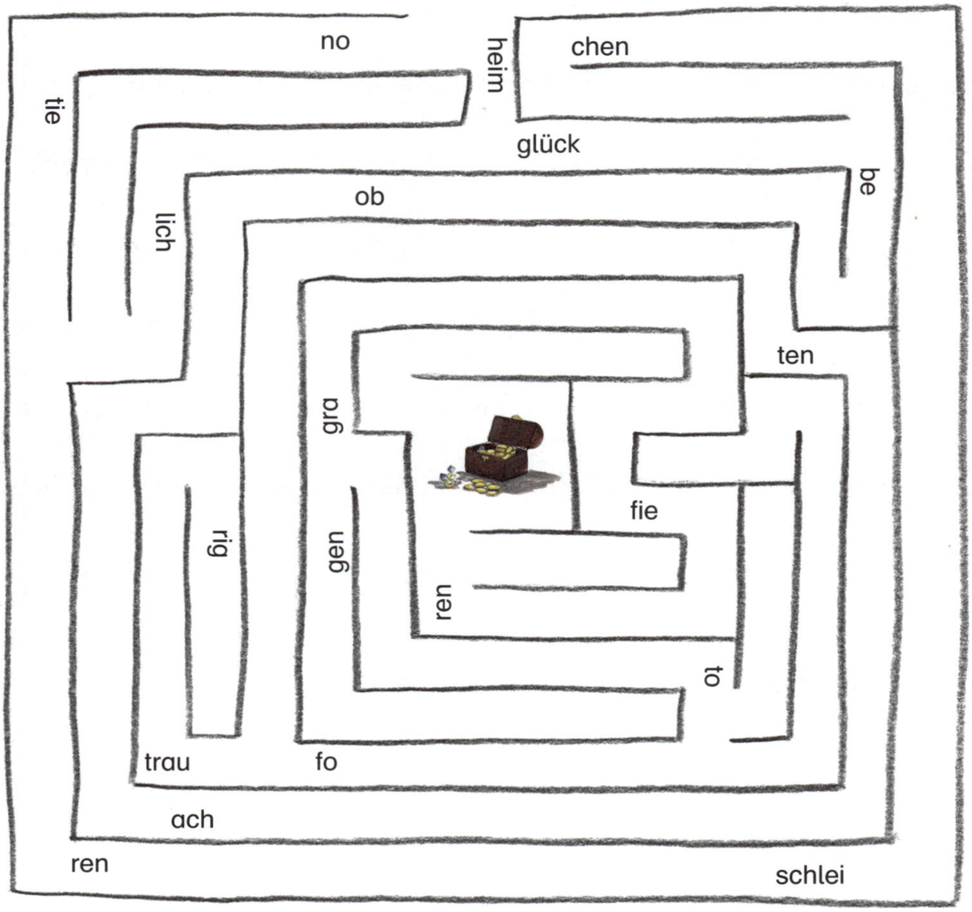

Entschlüssele die geheime Botschaft.

ZWISCHEN

ZAWAIASACAHAEAN DBEBN RDIDCDHDTDIDGDEDN BFUFCFHFSFTFAFBFEFN

WGIGRGD IHMHMHEHR EJIJN BKEKLKIKEKBKIKGKEKR ALNLDLELRLELR

BMUMCMHMSMTMAMBME GNENSNENTNZNT. SPCPHPRPEPIPBPE

AQUQCQH ERIRNRE GSESHSESISMSE BVOVTVSVCVHVAVFVT.

In einem Lexikon lesen

1 Lies den Lexikoneintrag genau. Markiere 8 wichtige Stichworte.

Geocaching
Geocaching ist eine Schatzsuche, bei der elektronische Geräte verwendet werden. „Geo“ ist das griechische Wort für „Erde“ und „cache“ ist das englische Wort für „geheimes Lager“. Ein Geocache ist also ein Ort, an dem sich ein Behälter mit einem Logbuch* und häufig einem kleinen Geschenk befindet.
Eine beliebige Person versteckt diesen Behälter und meldet den genauen Standort auf der Geocaching-Website im Internet ↗. Ziel des Spiels ist es, den Geocache zu finden. Dafür benötigt man ein GPS**-fähiges Mobilgerät ↗, z. B. ein Smartphone ↗. Das GPS nutzt Satelliten-Signale ↗, um den Standort des Nutzers zu bestimmen. Mithilfe einer Geocaching-App ↗ erfährt man, wo sich ein Cache befindet. Hat man ihn gefunden, so trägt man Name, Datum und Uhrzeit in das Logbuch ein. Das Geschenk wird meist durch ein anderes eingetauscht. Den Behälter mit Logbuch und Schatz versteckt man wieder ganz genau so, wie man ihn gefunden hat. Das meldet man über die App und entfernt sich unauffällig.
Beim Geocaching gibt es verschiedene Schwierigkeitsgrade und man kann auch selbst Behälter verstecken. Für Geocacher ist es Ehrensache, Privatgelände nicht zu betreten und Rücksicht auf die Pflanzen, die Tiere und die Umwelt zu nehmen.

* Logbuch: hier: kleiner Zettel für Datum und Name
** GPS: Global Positioning System

2 Stimmen die Aussagen? Kreuze an.

	stimmt	stimmt nicht
Ein Geocache ist ein Behälter mit einem Logbuch.	☐	☐
Ein GPS-Gerät kann den eigenen Standort bestimmen.	☐	☐
Caches findet man nur in Bäumen.	☐	☐
Geocacher verhalten sich in der Natur rücksichtsvoll.	☐	☐

3 Würdest du an einem solchen Schatzsuche-Spiel teilnehmen? Begründe.

Zwischenüberschriften finden

1 Lies den Text. Schreibe passende Zwischenüberschriften zu den Abschnitten auf die Linien.

Spielekonsolen

Abschnitt A: ______________________

Spielekonsolen sind Computer oder computerähnliche Geräte, die extra für das Spielen entwickelt wurden. Man kann sie über Controller oder das Smartphone bedienen. Spielekonsolen werden an große Bildschirme angeschlossen. Es gibt aber auch tragbare Geräte. Man kann mit ihnen auch online Videospiele spielen.

Abschnitt B: ______________________

Es gibt sehr viele verschiedene Videospiele zu kaufen. Man kann damit Monster jagen, Spielfiguren zum Leben erwecken und Musik und Sport machen, bis man schwitzt. Sportspiele nennt man E-Sport.

Abschnitt C: ______________________

In Deutschland und sogar weltweit werden Meisterschaften im E-Sport ausgetragen. Hier kämpfen die besten E-Spieler gegeneinander. Beim E-Football spielen bekannte Fußballmannschaften um Club-Meisterschaften und Pokale. Auch eine virtuelle Bundesliga begeistert Fans, die ganze Stadien füllen.

2 Welche Spiele spielst du am liebsten?
Begründe deine Antwort oder schreibe eine neue Spielidee auf.

____

____

____

____

____

____

Name: ______________________

Am Computer schreiben

1 Lea hat auf Jans Einladung geantwortet. Dafür hat sie ihre Schrift auf [Symbol] umgestellt. Kannst du ihre Antwort lesen? Schreibe sie auf.

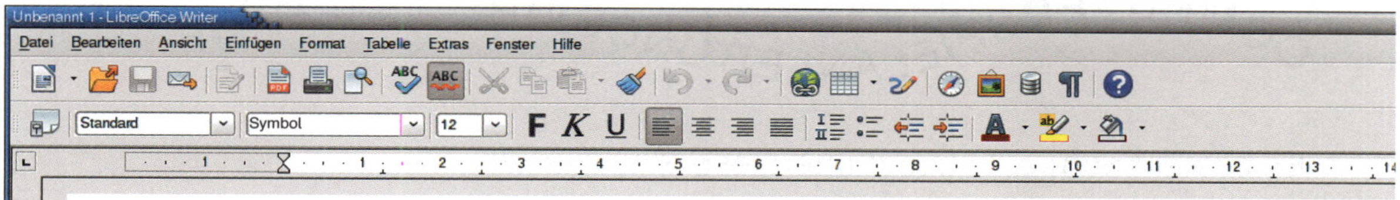

Ηαλλο ϑαν,
δανκε φ⎤ρ δεινε Εινλαδυνγ. Ιχη κομμε γερνε ζυ δεινερ Παρτψ.
Σολλ ιχη μειν Φεδερβαλλ–Σπιελ μιτβρινγεν?
Βισ βαλδ,
Λεα

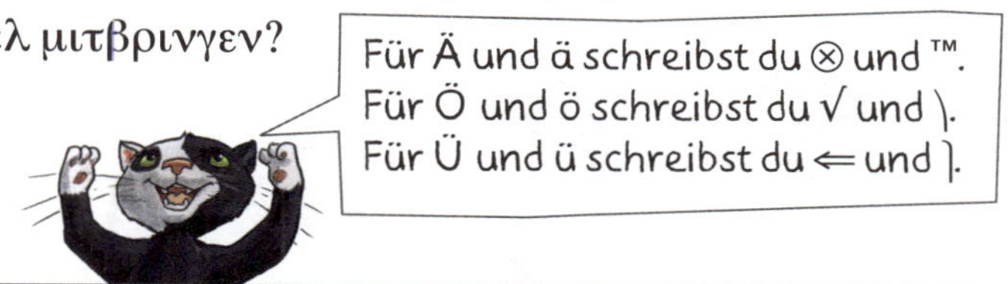

Αα	Ββ	Χχ	Δδ	Εε	Φφ	Γγ	Ηη	Ιι	ϑφ	Κκ	Λλ	Μμ
Aa	Bb	Cc	Dd	Ee	Ff	Gg	Hh	Ii	Jj	Kk	Ll	Mm

Νν	Οο	Ππ	Θθ	Ρρ	Σσ	Ττ	Υυ	ςω	Ωω	Ξξ	Ψψ	Ζζ
Nn	Oo	Pp	Qq	Rr	Ss	Tt	Uu	Vv	Ww	Xx	Yy	Zz

2 Was stand wohl in Jans Einladung? Schreibe auf.
Du kannst die Symbol-Schrift verwenden.

Name: ______________________________

Nomen und Nomen zusammensetzen

1 Aus wie vielen Nomen besteht dieses zusammengesetzte Nomen?

COMPUTERSPIELANLEITUNGSVIDEOADRESSE

Es besteht aus ☐ zusammengesetzten Nomen.

2 Verbinde die Bilder und schreibe die zusammengesetzten Nomen mit Artikel auf.
Löse das Rätsel.

 +  d ___ ___ L ___ ___ ___ ___ ___ ___ ___ ___ ___ ___ ___
4 2 12

 +  d ___ ___ ___ ___ ___ ___ ___ ___ ___ ___ ___ ___ ___
1 10 5 9

 +  d ___ ___ ___ ___ ___ ___ ___ ___ ___ ___ ___
13 11

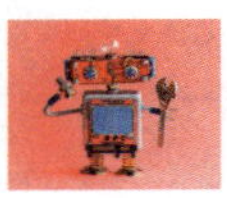 + 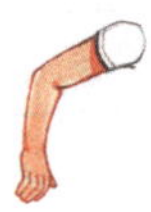 d ___ ___ ___ ___ ___ ___ ___ ___ ___ ___ ___
6 7 3

 +  d ___ ___ ___ ___ ___ ___ ___ ___ ___ ___ ___ ___
8

Lösung:

1	2	3	4	5	6	7	8	9	10	11	12	13

3 Überlege dir ein oder zwei sehr lange Wörter, die du aus Nomen zusammensetzen kannst. Schreibe sie auf.

Name: ____________________

Verben in Gegenwart und Vergangenheit

1 Ergänze die Verben in der richtigen Zeit.
Achte darauf, was heute passiert oder früher geschah.

Die Gartenparty

Heute ______ (veranstalten) Jonas eine Gartenparty. Letzten Sonntag ______ (besprechen) er die Details mit seinen Eltern. Danach ______ (verschicken) er die Einladungen per E-Mail an seine Freunde. Nun ______ (sein) es so weit. Die Gäste ______ (kommen) durch die Gartentür. Jonas ______ (haben) einen genauen Plan. Zuerst ______ (essen) sie Waffeln. Dann ______ (spielen) alle auf der Wiese Fußball. Zum Schluss ______ (werfen) sie mit bunten Pfeilen auf eine elektronische Dartscheibe. Jonas ______ (gewinnen). Kein Wunder! Letztes Jahr ______ (trainieren) er zweimal in der Woche im Verein.

2 Erzähle, was du auf deiner letzten Party gemacht hast.
Schreibe in der Vergangenheit (Präteritum).

______

______

______

______

Schwierige Wörter merken

1 Bilde aus den Buchstaben Wörter und schreibe sie auf.

2 Diese Wörter wurden rückwärts geschrieben.
Lies sie und schreibe sie richtig auf.

ESSERDALIAM

ETTALPTSEF

AREMAKLATIGID

EKREWZTEN

ELLÜHENOHPTRAMS

ERAWTFOSNERIVITNA

3 Schreibe selbst schwierige Wörter rückwärts.

STARK: Alle Strategien üben

1 Finde die Fehler im Text und markiere sie.

Sicher ins Internet	0
Viele erwachsene und Kinder benutzen das Internet täklich.	2
Deshalb ist es wichtik, die Gefahren zu kenen. Schlau ist es,	2
sich mit einem Spitznamn anzumelden und eine E-Mail-Adrese	2
zu verwenden, die nicht den eigenen Namen enthelt. Überlege	1
genau, was du im internet postest. Das Netz vergisst nichts.	1

2 Schreibe jedes Fehlerwort richtig auf.
Schreibe die passende Strategie dazu.

3 Achtung, Fehler! Kreuze in jeder Zeile das richtig geschriebene Wort an und schreibe das Lösungswort auf.

O	die Wepsite	T	die Webside	K	die Website
R	das gerät	A	das Gerät	S	das Geret
B	funktioniert	C	funcktioniert	M	funktionirt
T	der Schpeicher	P	der Speicha	E	der Speicher
F	das Internett	L	das Internet	U	das Indernet

Lösungswort: ____ ____ ____ ____ ____

Name: ______________________________

Knobelseite

Rätsel

Ich verursache eine Erkältung: ___ ___ ___ ___ ___

Ich werde von Katzen gefressen: ___ ___ ___ ___

Auf einem Brett stehen und übers Wasser fahren: ___ ___ ___ ___ ___ ___

Im Computer etwas sichern nennt man: ___ ___ ___ ___ ___ ___ ___ ___ ___

Darauf transportiert man keine Teller und Tassen: ___ ___ ___ ___ ___ ___

Das musst du eingeben,
um dich mit dem Internet zu verbinden: ___ ___ ___ ___ ___ ___ ___ ___

Damit werden im Netz Datenpakete
zwischen verschiedenen Computern ausgetauscht: ___ ___ ___ ___ ___ ___

Ich bin eine Anwendung, die du herunterlädst: ___ ___ ___

So wird's gesprochen

Verbinde, was zusammengehört.

Äpp	Sound
Jiokäsching	Display
ßaunt	Chatroom
Tattschßkrien	Geocaching
Disspläj	Flatrate
Tschättruhm	App
ßmartfoun	Touchscreen
Wepßeit	Emoji
Fläträit	Smartphone
Imodschi	Website

Schnelle Post

Tim bekommt eine E-Mail von seiner Oma mit der Nachricht „Alles Gute zum Geburtstag!". Daraufhin ruft er seine Oma an und sagt, dass er erst nächste Woche Geburtstag hat. Seine Oma ganz überrascht: „Die ist schon da? Ich dachte, das dauert 3–4 Tage."

Name: ______________________________

Mit W-Fragen einen Text verstehen

1 Lies den Text. Markiere die Fachbegriffe für die Bootstypen.

Die Schiffe der Wikinger

Die Wikinger galten zu ihrer Zeit als die besten Seefahrer Europas. Für sie war das Meer wie eine Straße. Aber die Wikinger waren nicht nur Meister der Seefahrt. Sie waren berühmt für ihre Schiffsbaukunst.

Das bekannteste Kriegsschiff der Wikinger war das Langschiff (Skuder). Es war bis zu 23 Meter lang und wurde für lange Seereisen und Kriegsfahrten genutzt. Langschiffe hatten ein offenes Deck ohne Bänke oder Kabinen. Daher saßen die Ruderer auf hölzernen Seemannskisten, welche mit Fell bedeckt waren. In den Kisten bewahrten sie ihr Eigentum, den Proviant und ihre Waffen auf. Am Mast – in der Mitte des Schiffes – war ein großes, rechteckiges Segel befestigt. Es bestand aus gewebten Stoffbahnen und wirkte dadurch gestreift. Der Mast konnte sogar abgesenkt werden.

Häufig verzierten die Schiffsbauer den Bug der Langschiffe mit Drachenköpfen. Daher wurden diese Schiffe auch Drachenboot (Drakkar) genannt. Der Schiffstyp Knorr gehörte zu den Handelsschiffen. Diese Lastenschiffe hatten vorn und hinten einen größeren Laderaum, der geschlossen war.

An Bord der großen Schiffe befand sich meist ein kleines Boot (Karvi). Dies wurde unterwegs für Aufklärungsfahrten oder zum Fischfang genutzt.

2 Kannst du die W-Fragen mithilfe des Textes beantworten? Kreuze an.
Markiere die Antworten im Text.

	ja	nein
Wie heißt das bekannteste Kriegsschiff der Wikinger?	K	U
Wofür wurde ein Karvi genutzt?	N	R
Was war ein Byrdingr?	A	O
Worauf saßen die Ruderer in den Langschiffen?	R	T
Welche Waffen führten die Wikinger mit sich?	S	R

Lösungswort: ____ ____ ____ ____ ____

3 Überlege dir eine W-Frage zum Text, die als Antwort das Lösungswort ergibt.

Name: ____________________

Über einen Text nachdenken

1 Lies den Text. Mache dir Gedanken und schreibe sie auf.

Gesetze bei den Wikingern
Die freien Wikinger und ihre Anführer trafen sich regelmäßig auf einer Versammlung, dem Thing. Dort wurden Verbrecher bestraft und neue Gesetze beschlossen. Es wurden Streitigkeiten geschlichtet, Heiraten ausgehandelt und Ehen geschieden. Frauen und Sklaven hatten kein Recht, bei Entscheidungen mitzubestimmen. Allerdings durften Ehefrauen manchmal ihre Meinung vortragen. Die Gesetze waren nirgendwo aufgeschrieben. Sogenannte Gesetzessprecher trugen sie zu Beginn des Thing laut vor, damit jeder sie hören konnte. Verhandelt wurden alle Vergehen von Diebstahl bis Mord. Die Strafen konnten sehr hart sein. Wenn der Täter oder seine Familie die Strafe ablehnte, wurde die gesamte Familie aus der Gemeinschaft ausgeschlossen.

2 Lies die Sprechblasen. Wem stimmst du zu? Kreuze an.

- Einen Gesetzessprecher finde ich richtig gut. Unsere Klassenstunde würde viel besser verlaufen, wenn zuerst jemand die Regeln vortragen würde. ☐
- Ein Gesetzessprecher mag ja gut sein, aber ich finde es besonders wichtig, dass Gesetze und Regeln für alle sichtbar aufgeschrieben werden. ☐
- Meiner Meinung nach ist er unnötig. Wenn man die Gesetze aufschreibt, kann sie jeder lesen und es geht keine Zeit verloren. ☐

3 Gibt es auch heute eine Versammlung wie ein Thing? Was denkst du? Begründe.

Name: ______________________________

Treffende Adjektive finden

1 Wie heißt das Gegenteil? Schreibe auf.

schwach		schnell	
groß		dünn	
schwer		faul	
winzig		eng	
ängstlich		kurz	

2 Löse das Logical. Lies die Sätze, male richtig aus und ergänze die Namen.

1. Das größte Mädchen trägt ein oranges Kleid mit einer blauen Schürze und mag gern goldenen Schmuck.
2. Ylvie pflückt gern bunte Blumen.
3. Das Mädchen mit den spitzen Schuhen heißt Halva. Ihre Schuhe sind braun.
4. Das Mädchen mit dem hellbraunen Kopftuch über den schwarzen, langen Haaren isst gern Honig.
5. Ylvie hat halblange, lockige, rote Haare und trägt gern hellgrüne Kleider.
6. Freya trägt am liebsten einen schwarzen Gürtel und graue Stiefel.

____________ ____________ ____________

Beschreibe ein Kind aus deiner Klasse. Verwende treffende Adjektive.
Achte darauf, dass das Kind nicht gleich zu erkennen ist.

Pronomen kennenlernen

1 Setze passende Pronomen ein.
Welches Nomen oder Satzglied hast du ersetzt? Markiere.

Knut und Leif haben Freizeit. Am liebsten spielen ________ Brettspiele.

Das Langschiff legt am Hafen an. ________ kehrt nach langer Seereise zurück.

Ylvie näht gut. ________ verwendet dazu selbst gewebte Stoffe.

Die Kinder füttern die Schafe. Manchmal laufen ________ den Schafen hinterher.

2 Setze auch hier passende Pronomen ein.
Welches Nomen oder Satzglied hast du ersetzt? Markiere.

Erik ruft seine Schwester. ________ will ________ etwas erzählen.

Am Horizont entdeckt Leif Schiffe. ________ kommen immer näher.

Olof schimpft mit Sven. ________ hat ________ verletzt.

Das Wetter ist stürmisch. ________ treibt die Schiffe über das Meer.

3 Warum versteht man nicht, wer gemeint ist?
Begründe.

Früh am Morgen steht der Bauer auf. Sie muss gefüttert werden. Sie zieht den Wagen. Sie braucht Kraft für die Arbeit.

____

____

____

____

BB S. 106
BO S. 117

Name: ____________________

Satzglieder wiederholen

1 Markiere in den Sätzen die Satzglieder. Bilde einen Fragesatz.

Die Wikinger verehrten Thor als Gott des Donners.

Die Wikinger verehrten als Gott des Donners Thor.

Als Gott des Donners verehrten die Wikinger Thor.

Thor verehrten die Wikinger als Gott des Donners.

2 Lies die falsch zusammengesetzten Sätze.
Schreibe die Sätze richtig auf und markiere die Satzglieder.

Vom Meer ein starker Wind weht.

Am Morgen füttert Halva früh die Kuh.

Am Abend erst spät die Familie isst Abendbrot.

Für die Familie mit einfachem Werkzeug näht Ida die Kleidung.

Name: ____________________

Wörter mit aa, ee, oo (M)

1 Finde alle Wörter mit **aa, ee** und **oo**.
Sie sind waagerecht → und senkrecht ↓ und diagonal ↘ versteckt.

T	S	U	M	E	E	R	J	Q	V	W	A	S	J
H	A	L	V	Q	A	C	S	P	E	C	H	T	Q
M	A	L	B	U	C	H	C	A	Q	A	J	A	W
I	L	P	J	A	V	A	W	H	O	S	E	A	J
S	Z	I	M	O	O	R	Q	A	Q	P	J	T	B
R	C	G	B	N	M	C	X	Z	F	E	D	U	O
R	Q	H	J	V	S	A	A	T	K	E	L	I	O
A	W	Z	N	J	A	Q	W	A	P	R	O	T	T
F	A	T	A	E	W	A	V	J	O	D	I	A	U
G	K	L	L	K	E	R	Z	E	M	I	D	E	E

2 Finde die Reimwörter und schreibe sie in die Kisten.
Achtung! Zwei Wörter haben keinen Reim. Schreibe sie mit Artikel auf.

3 Entschlüssele die Nomen und schreibe sie mit Artikel auf.

raahspagne ______

lügsckkeel ______

drchaenbtoo ______

eeschnmnna ______

tssaetee ______

Wörter mit ss

1 Welche Puzzleteile passen zu welchen Endungen? Schreibe auf.

Klas | Was | wis | sen | se

Näs | Nüs | bes | ser

Klasse,

2 Mache die Lang-Kurz-Probe und ergänze die fehlenden Buchstaben.
Achtung! In jeder Reihe gibt es ein Wort mit langem Selbstlaut.

Bi ss   be___er   Flu___   Gru___   Kre___e   fri___t

Kompa___   kü___en   Ergebni___e   Apfelmu___

Kla___enrat   Me___e   flü___ig   Fu___   gela___en

Intere___e   e___en   mü___en   Flo___   vermi___en

3 Bilde Sätze mit möglichst vielen Wörtern mit **ss**. Es können unsinnige Sätze sein.

Name: ____________________

Wörter in Silben gliedern und abhören

1 Setze die viersilbigen Wörter richtig zusammen.
Male die Silben eines Wortes in der gleichen Farbe aus und schreibe sie auf.

Ka	ku	ge	den
Ge	fan	ra	ner
Do	me	stei	te
Ge	denk	men	ne

Kameraden,

2 Schreibe die Wörter mit Trennstrichen auf.

Wikingerfrauen Wi-kin-

Familienleben

Unstimmigkeiten

Geschichtenerzähler

3 Schreibe selbst ein Silbenrätsel. Finde drei viersilbige Wörter und zerlege sie in Silben.
Notiere deine Lösung kopfüber.

Lösung:

Name:

STARK: Alle Strategien üben

1 Finde die Fehler im Text und markiere sie.

Das Wikingermuseum Haithabu	0
Früher war Haithabu eine der Größten städte in der Wikingerzeit.	2
Die Lage war sehr günstig und daher kamn viele Hendler an	2
diesen Ort. Freie Wikinger sidelten sich an und es entstant eine	2
große Stadt. Heute befindet sich an diesr Stelle ein Museum.	1
Besucher können hier viel über die Wikingr entdecken.	1

2 Schreibe jedes Fehlerwort richtig auf.
Schreibe die passende Strategie dazu.

3 Achtung, Fehler! Kreuze in jeder Zeile das richtig geschriebene Wort an und schreibe das Lösungswort auf.

O	☐	die Hahre	K	☐	die Haare	E	☐	die haare
A	☐	wissen	R	☐	wisen	S	☐	wißen
B	☐	das schiff	C	☐	das Schifff	M	☐	das Schiff
T	☐	mechtig	P	☐	mächtig	V	☐	mächtik
F	☐	das Messer	I	☐	das Mehser	E	☐	das Meser

Lösungswort: ___ ___ ___ ___ ___

Name: ____________________

Was aßen die Wikinger?

Löse das Kreuzworträtsel.

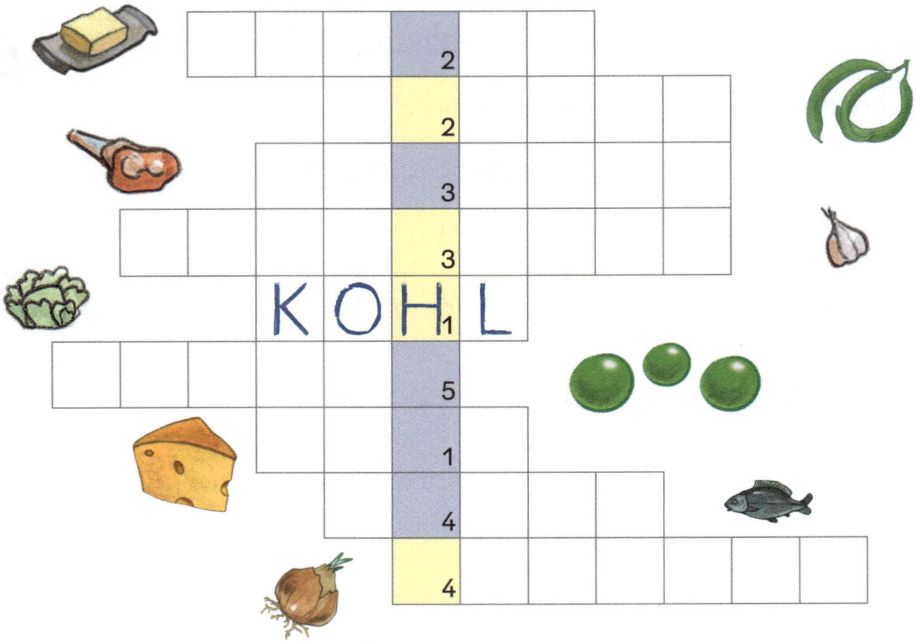

Die Teller waren aus

H 1	2	3	4

,

die Schüsseln aus

1	2	3	4	5

.

Wusstest du schon?

Viele Wikingerfürsten oder Könige hatten seltsame und manchmal sehr brutal klingende Namen:
Einar Falschmund, Thorfinn Schädelspalter, Sven Gabelbart, Erik Blutaxt, Harald Blauzahn oder Sigurd der Dicke.

Denke dir selbst ungewöhnliche Wikingernamen aus.

____

____

____

Verschiedene Anleitungen verstehen

1 Hier ist die Anleitung vom Windrad mit der Anleitung vom Wasserrad durcheinandergeraten. Markiere, was zusammengehört, in derselben Farbe.

Falte ein festes Papier (12 cm x 12 cm) zweimal diagonal.
Forme aus Knete eine Kugel (ungefähr 4 cm dick).
Schneide das Papier auf jeder Linie von außen 6 cm ein. Wickle das eine Ende des dünnen Blumendrahtstückes oben um das lange Holzstöckchen (3-mal herum) und stecke auf das andere Drahtende eine Holzperle.
Stecke ganz gerade und genau durch die Mitte der Knetkugel einen Schaschlikspieß. Die Kugel muss genau in der Mitte des Spießes sein.
Schlage nun jede zweite Ecke des Papiers (also 4) in die Mitte und steche mit einer dicken Nähnadel ein Loch durch die Mitte der Papierflügel. Gut festhalten!
Stecke nun das Drahtende durch das Loch in der Mitte der Papierflügel und schiebe danach eine kleine Holzperle auf den Draht.
Nimm die eine Seite des Schaschlikspießes in die Hand. Stecke nun 4–6 Holzstäbchen in gleichen Abständen rundherum in die Mitte der Kugel.
Biege zum Schluss das Drahtende um. Nun können sich die Papierflügel drehen.
Die Holzstäbchen sollen 1 cm tief in der Kugel stecken. Drücke die Knete fest.
Stecke nun das lange Holzstöckchen draußen in die Erde.
Stecke zwei kleine Astgabeln an den Rand eines kleinen Baches und hänge die Enden des Schaschlikspießes in die Astgabeln. Das fließende Wasser bewegt die Holzstäbchen und sie drehen sich.
Warte auf Wind.
Du kannst es auch unter fließendem Wasser aus dem Wasserhahn ausprobieren.

2 Welches Bild zeigt das Windrad, welches das Wasserrad? Schreibe auf. Ergänze die fehlenden Bauteile.

___________________ ___________________

Baue selbst ein Windrad oder ein Wasserrad.

Name: ____________________

Verschiedene Anleitungen verstehen

1. Sieh dir die Spielanleitung, die Aktionskarten und den Spielplan an.
Schreibe zwei weitere Aktionen in die leeren Karten und zeichne die Farbfelder beliebig im Spielplan ein.

Gute-Laune-Wetterspiel

2–4 Spieler würfeln abwechselnd und rücken ihre Spielfigur so viele Felder vor, wie der Würfel Augen zeigt. Zu den bunten Kreisen gehören die farbigen Aktionskarten. Wer zuerst ins Ziel kommt, hat gewonnen.

Heute ist es herrlich warm. Du gehst zur Abkühlung ins Schwimmbad. Rücke 3 Felder vor.

Es ist eisig kalt und glatt draußen. Deshalb bleibst du zu Hause. Einmal aussetzen.

Es regnet heftig. Du rennst schnell nach Hause. Gehe 3 Felder zurück.

Der Wind bläst heute so stark, dass du nicht dagegen ankommst. Gehe die gewürfelte Augenzahl wieder zurück.

Ein Parallelgedicht schreiben

Ein Mesostichon ist ein Gedicht, bei dem in der Mitte die Buchstaben von oben nach unten gelesen wieder ein Wort oder einen Satz ergeben.

1 Lies das Mesostichon. Wovon handelt es? Finde eine Überschrift.

2 Markiere das Wort in der Mitte, das du von oben nach unten lesen kannst.

TROPFEN
REGENSCHIRM
GUMMISTIEFEL
WOLKEN
NASS

3 Schreibe ein Mesostichon zum Wort Sonne.

S
O
N
N
E

4 Schreibe ein eigenes Mesostichon. Suche zunächst ein geeignetes Wort.

Name: ____________________

Mit Adjektiven vergleichen

1 In jedem Satz stimmt ein Adjektiv nicht.
Markiere und schreibe es richtig auf.

Wettereinflüsse

Eine Juninacht ist meistens kühler als eine Februarnacht. ____________

Bei Hagel ist die Luft wärmer als bei Sonnenschein. ____________

Bei leichter Brise ist der Wind stärker als bei einem Orkan. ____________

Bei Nebel kann man besser sehen als bei Sonnenschein. ____________

Bei Regen ist der Wasserstand am niedrigsten. ____________

Im Sommer sind die Nächte bei uns oft heißer als die Tage. ____________

2 Was gehört zusammen? Verbinde.
Trage alle fehlenden Vergleichsstufen ein.

gut

nah

schwer

schwerer

am nächsten

besser

mehr

spitz

jung

spitzer

jünger

am besten

am schwersten

3 Wähle mindestens zwei Adjektive aus und schreibe zu allen drei Vergleichsstufen Sätze.

Adjektive mit ig oder lich ↔

1 Schreibe passende Adjektive mit **ig** oder **lich** in die Lücken.

Aufregende Nachtwanderung

Wir wohnten direkt am Strand. Das Wetter war richtig gut,

denn tagsüber war es fast immer ____________ .
Sonne

Wir hatten viel Saß und abends war es immer besonders ____________ .
Lust

Aber am dritten Abend sollte sich das ändern. Alle waren ____________
Punkt

im Bett. Auf den Fluren war es ____________ . Plötzlich riss die Lehrerin
Ruhe

die Türen auf und rief: „Raus aus den Betten, wir müssen den Strandfuchs

vertreiben! Schnell anziehen, Taschenlampen schnappen und los geht´s!“

____________ schlüpften wir in unsere Sachen und schlichen los.
Schlaf

Unterwegs schauten wir uns immer wieder ____________ um. Überall
Angst

hörten wir Geräusche, die ____________ klangen. Wir hatten
Furcht

____________ Angst und einige schrien vor Aufregung. Plötzlich
Schreck

entdeckten wir Fuchsohren hinter einem Sandhügel. ____________
Mut

pirschten wir uns an. Jetzt erkannten wir unseren Sportlehrer und warfen uns auf ihn

in den Sand. ____________ liefen wir zurück. Schnell zogen wir unsere
Glück

____________ Sachen aus und fielen ____________
Sand — Schmutz

und ____________ in unsere Betten.
Hunger

Wörter mit chs (M)

1 Markiere die Wortgrenzen mit einem Strich. Schreibe die Wörter richtig auf.

GNULSHCEWREVETFITSSHCAWGNULSHCEWBASHCUWHCANENESHCAWRELESHCEWRETTEW

Wetterwechsel,

2 Finde alle Wörter mit **chs** und markiere sie. Sie sind waagerecht → und senkrecht ↓ und diagonal ↘ versteckt.

A	W	C	S	Z	B	W	Z	U	S	C	O	Z	A	U	W	S
W	A	C	H	S	K	E	R	Z	E	Z	C	U	W	Z	B	W
H	W	Z	W	Z	W	H	U	D	A	C	H	S	B	A	U	H
A	F	S	B	C	U	W	C	U	Z	B	S	C	H	Z	U	B
W	L	U	C	H	S	E	H	Z	W	U	E	H	W	S	A	W
S	C	A	C	W	Z	H	W	H	H	W	N	U	A	C	Z	S
Z	W	H	A	H	H	L	A	C	H	S	F	A	R	B	E	N
S	B	C	H	S	S	H	Z	H	S	C	E	H	B	S	C	B
E	R	W	A	C	H	S	E	N	E	B	L	Z	H	C	H	A
W	Z	B	W	A	U	W	C	B	Z	C	L	B	Z	W	S	B
C	B	W	E	I	D	E	C	H	S	E	B	S	H	B	E	W
Z	C	S	U	Z	S	U	W	S	W	Z	C	Z	E	C	B	A
S	U	A	C	H	S	E	L	H	A	A	R	E	W	C	S	W
U	Z	A	Z	C	A	C	U	A	Z	U	N	W	C	W	H	A
S	E	C	H	S	U	N	D	S	E	C	H	Z	I	G	Z	S

Achtung! Zusammengesetzte Nomen zählen als ein Wort.

Ich habe insgesamt 12 Wörter gefunden.

Wörter mit tz oder ck

1 Würfle und wähle eine der beiden Aufgaben.
Würfle mindestens viermal.

Mütze • kratzen • Deckel • pflücken • sitzen • witzig
Nacken • Rucksack • schmutzig • Kindersitz • Schmuck • Zacken
Spinnennetz • Hitze • backen • Schneckenhaus • Fackel • packen
schrecklich • Spitze • Pfütze • Zuckerwürfel • blicken • Sack
nicken • Katzenklo • Verletzung • Decke • zudecken • spucken
anspitzen • blitzen • Steckdose • Jacke • bücken • Kuchenstück
Schatzkiste • erhitzen • glitzern • Schrecken • Ecke • Zahnlücke
Spatz • Witz • Locken • Stechmücke • pflücken • stricken
Stock • flicken • flitzen • Fragesatz • Dackel • lecker
Gepäckträger • Putzeimer • Ersatzhose • Fleck • spitz

⚀	Schreibe 3 Nomen mit **tz** auf.
⚁	Schreibe einen Unsinnsatz mit möglichst vielen Wörtern mit **ck** auf.
⚂	Schreibe 3 Verben mit **tz** auf.
⚃	Schreibe 3 Reimpaare auf.
⚄	Male zu 3 Nomen mit **ck** das passende Bild.
⚅	Schreibe 3 Wörter mit **tz** auf, die 3 Silben haben.

⚀	Schreibe 3 Wörter mit einer Silbe auf.
⚁	Schreibe 3 Verben mit **ck** auf.
⚂	Schreibe zu 3 Nomen die Mehrzahl auf.
⚃	Mache aus 3 Nomen ein Adjektiv. Schreibe die Adjektive auf.
⚄	Schreibe einen Unsinnsatz mit möglichst vielen Wörtern mit **tz** auf.
⚅	Schreibe 3 Adjektive auf. Markiere den kurzen Selbstlaut mit einem •.

Name: ______________________________

Vorsicht Fehler!
Finde die 7 Unterschiede.

Hier stimmt etwas nicht!
Schreibe die Wörter richtig zusammengesetzt auf.

Wolkenschutz • Glückskratzer • Regenhitze • Drecklicht
Sonnenwolken • Blitzpilz • Sommerfleck • Gewitterstrahlen

Bauernregel
Gibt es im Februar Schnee und Eis, wird es im Sommer richtig heiß.

Wetterweisheit
Wenn der Hahn kräht auf dem Mist, ändert sich das Wetter oder es bleibt, wie es ist.

Rätsel
Wenn es regnet, ist es nass,
wenn es schneit, ist es weiß,
und wenn es friert, ist es Eis.
Was ist das?

Wasser

Name: ____________________

Eine Bildanleitung lesen

1 Sieh dir die Bilder genau an. Schreibe eine Anleitung.

brauchen

Du brauchst

malen, ausschneiden

Male

falten

legen, beobachten

2 Was denkst du, was mit der Seerose im Wasser passiert?
Schreibe deine Vermutung auf.

Bastle selbst eine Seerose.

Name: ______________________________

Informationen und Werbung unterscheiden

1 Lies die Texte. Kreuze den Werbetext an.

2 Markiere im Werbetext Ausdrücke, die typisch für Werbung sind.

Funky-Station

Die neu entwickelte Spielekonsole von Ninsage hat die Spielgeschwindigkeit und die Bilddarstellung weiter verbessert. Für 399 Euro bietet das Gerät einige Spiele, mit denen man sich viele Stunden beschäftigen kann.

Funky-Station

Die nagelneue Spielekonsole mit Höchstgeschwindigkeit und super Grafikauflösung ist der Hammer.
Unendlich viel Spielspaß bietet dir die Funky-Station.
Erstklassige Unterhaltung aus dem Hause Ninsage – und dazu ein Schnäppchen für nur 399 Euro! Greif zu!

3 Schreibe einen eigenen Werbetext zu einem der Produkte.

Düsenskater

Leuchtbrille

Flugbett

Name: ____________________

Das Prädikat

1 Markiere in jedem Satz das Prädikat.

Freizeitspaß
Finn tanzt in der Stepptanz-Truppe.
Berk spielt mit der Kindergruppe.
Filme sieht Kim auf dem Handy.
Lesen mag am liebsten Mandy.
Fische angelt Jill am See.
Murat trinkt sehr gerne Tee.
Karatetritte übt Jeanette.
Und ich? Ich schlafe tags im Bett.

2 Verbinde die Sätze.

3 Schreibe die Frage nach dem Prädikat und die Antwort auf.
Markiere in der Antwort das Prädikat.

Kameraobjektive funktionieren	Hochhäuser wie Bambushalme.
Pinguine schwimmen	wie die Iris eines Auges.
Architekten bauen	wie Elefantenrüssel.
Roboterarme bewegen sich	wegen ihrer Haut sehr erfolgreich.

Was tun Kameraobjektive? Sie
funktionieren wie die Iris eines Auges.

Verben und Nomen zusammensetzen

1 Bilde aus den Verben und dem Wort **Papier** zusammengesetzte Nomen.

schreiben | packen | essen | kopieren | **Papier** | basteln | backen | falten | schleifen

____

____

____

____

2 Bilde zusammengesetzte Nomen. Schreibe mit Artikel.

turnen		Sohle	____________
	putzen		____________
stinken	Tier	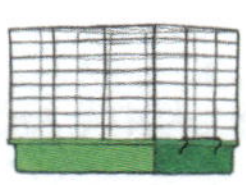	____________
schreiben			____________
malen		Set	____________
lesen		Etui	____________
fahren			____________
rauben	Tier	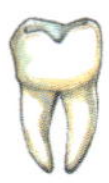	____________

3 Schreibe das längste zusammengesetzte Nomen auf, das dir einfällt.

____

Verben und Nomen zusammensetzen

1 Löse das Kreuzworträtsel.

1 ⟶ Darin haben viele Kinder ihr Getränk in der Schule.
2 ⟶ Bewegt sich mit Pferd über Hindernisse
3 ⟶ Hilft Kindern, im Wasser nicht unterzugehen
4 ⟶ Anderes Wort für Arbeitstisch
5 ⟶ In China benutzt man nicht Messer und Gabel, sondern …
6 ⟶ Vogel, der schöne Töne von sich gibt

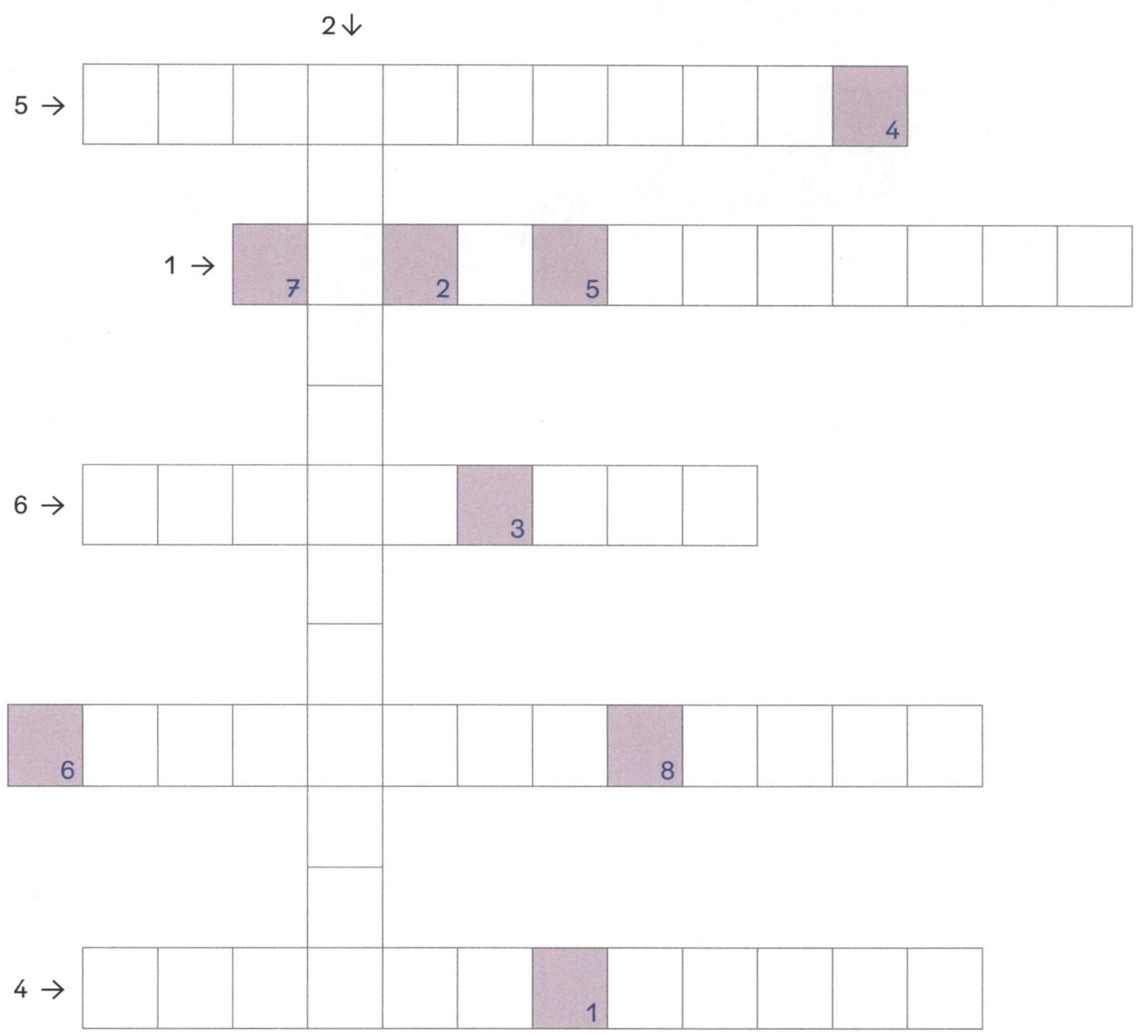

Lösungswort:

1	2	3	4	2	5	2	6	7	7	3	8	8

2 Wähle mindestens drei Wörter aus und schreibe Sätze.

Wörter mit ie oder i

1 Mache die Lang-Kurz-Probe. Ergänze **ie** oder **i**.

H____nter dem B____rnbaum l____gen v____le r____sige B____rnen.

Am M____ttag k____cken v____r K____nder m____teinander.

____m Sp____gel s____hst du dein Sp____gelb____ld.

V____le T____re s____nd z____mlich b____ssig.

2 Finde möglichst viele Wörter mit **ie** oder **i**.
Mache die Lang-Kurz-Probe und schreibe die Wörter auf.

3 Schreibe drei Sätze, die möglichst viele Wörter aus Aufgabe 2 enthalten.

Name: ____________________

Wörter mit stummem h (M)

1 Schreibe das passende Nomen mit stummem **h** zum Bild. Schreibe mit Artikel.

 4 die Zahl

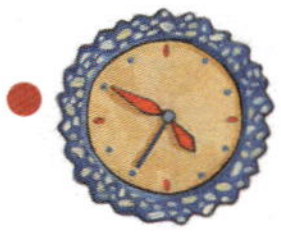 ____________

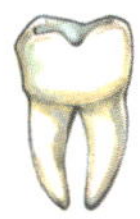 ____________

 ____________

 ____________

 ____________

 ____________

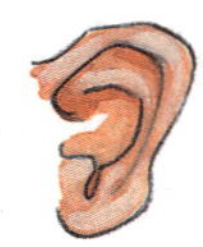 ____________

 ____________

 ____________

2 Ergänze ein stummes **h** an richtiger Stelle.

Auf Safari

Ja__n ist im letzten Ja__r mit seinen Eltern nach A__frika gefa__ren.
Vom Ze__ltplatz ging es mit einem Bu__s auf die Suche nach Lö__wen.
Sie fu__ren um 6 U__r morgens los. Die So__nne schien hell.

Plötzlich hörten sie Gebrü__ll. Zuerst sahen sie die flauschigen O__ren, aber als die Familie die Zä__ne der Tiere sah, waren alle fro__, dass sie im Auto in Sicherheit waren.

3 Sammle Wörter mit dem Wortstamm **führ**.

____

____

Name: ____________

Knobelseite

Würfelspiel

Würfle dreimal und erhalte so zusammengesetzte Nomen.
Schreibe auf.

⚀	RIESEN	⚀	GIFT	⚀	TIGER
⚁	PFEIL	⚁	ZACKEN	⚁	HÖRNCHEN
⚂	WEIN	⚂	ZAHN	⚂	PAVIAN
⚃	SÄBEL	⚃	BERG	⚃	BARSCH
⚄	STUMMEL	⚄	ARSCH	⚄	FROSCH
⚅	ROT	⚅	SCHWANZ	⚅	SCHNECKE

Überfall

Mike kommt aufgeregt und zu spät in die Schule: „Ich bin von Räubern überfallen worden!“
„Und was hat man dir geraubt?“, will der Lehrer wissen.
„Gott sei Dank nur die Hausaufgaben!“

Zungenbrecher

Lies die Zungenbrecher mehrmals schnell hintereinander.

Mariechen sprach zu Mariechen:
Lass mal riechen, Mariechen.
Da ließ Mariechen Mariechen mal riechen.

Wenn Tiger vor Tigern tigern,
tigern Tiger Tigern voraus.

Genau lesen

1 Lies die beiden Texte ganz genau. Achte dabei auf die Unterschiede. Markiere **rechts** alle Wörter, die verändert wurden.

Die Wasserspinne
Die Wasserspinne lebt in stehenden oder langsam fließenden Gewässern wie Seen, Mooren oder Teichen. Sie jagt dort Wasserinsekten: Wasserasseln, -milben und kleine Krebse gehören zu ihrer Nahrung. Die Wasserspinne wird 8–15 mm groß und ist die einzige Spinne, die ausschließlich im Wasser lebt. Um dort atmen zu können, hat sie einen besonderen Trick: Sie streckt ihren behaarten Hinterleib über die Wasseroberfläche. Beim Zurückziehen bleibt die Luft an den verzweigten Härchen am Körper hängen, so dass sich die Spinne mit einer Lufthülle umgeben kann, die wie eine Taucherglocke funktioniert. Die Unterwasserglocken nutzt sie zum Beispiel für die Eiablage oder zum Überwintern in Winterstarre.

Die Wasserspinne
Die Wasserspinne lebt in stehenden oder schnell fließenden Gewässern wie Seen, Meeren oder Teichen. Sie jagt dort Wasserinsekten: Wasserasseln, -silben und kleine Krebse gehören zu ihrer Nahrung. Die Wasserspinne wird 8–15 cm groß und ist die einzige Spinne, die ausschließlich im Wasser lebt. Um dort leben zu können, hat sie einen besonderen Tick: Sie steckt ihren behaarten Hinterleib über die Wasseroberfläche. Beim Zurückziehen bleibt die Luft an den verzweigten Härchen am Körper haften, so dass sich die Spinne mit einer Lufthülle umgeben muss, die wie eine Taucherglucke funktioniert. Die Unterwasserglocken nutzt sie zum Beispiel für die Eiablage oder zum Überwintern in Winterstarre.

2 Stimmen die Aussagen? Vergleiche mit dem **linken** Text und kreuze an.

	stimmt	stimmt nicht
Die Wasserspinne frisst kleine Krebse.	S	G
Gewässer, die schneller fließen, sind ihr Lebensraum.	E	I
Die Wasserspinne wird bis zu 1,5 cm groß.	L	H
Die Luftglocken unter Wasser braucht sie auch im Winter.	B	E
Wasserspinnen halten Winterschlaf.	I	E
Sie hat Kiemen und kann so unter Wasser atmen.	M	R

So wird die Wasserspinne auch genannt: ___ ___ ___ ___ ___ ___ spinne

Name: ______________________

Fabeln kennenlernen

1 Lies die Fabel und überlege: Welche Lehre soll man wohl aus dieser Fabel ziehen?

Zwei Frösche

Viele Jahre lebten Frösche in einem tiefen Sumpf. In einem Jahr war der Sommer besonders heiß und der Sumpf trocknete aus. Die Frösche mussten auf Wanderschaft gehen, um eine neue Bleibe zu finden.

Zwei von ihnen kamen dabei an einem tiefen Brunnen vorbei. Da sagte der eine Frosch: „Schau einmal, in diesem Brunnen gibt es noch Wasser. Springen wir doch einfach hinunter!“ „Stopp!“, rief da der andere Frosch. „Du kommst zwar leicht hinunter, aber was passiert, wenn auch in diesem Brunnen das Wasser versiegt*? Wie willst du es dann wieder ins Freie schaffen?“

nacherzählt nach Äsop

* versiegen = etwas hört auf zu fließen oder trocknet aus

2 Schreibe die Lehre auf.

3 Denke nach: In welcher Situation aus deinem Alltag könnte diese Lehre auch passen? Schreibe diese Situation auf.

Name: ____________________

Fabeln kennenlernen

1 Lies den Text, markiere alle Tiernamen und ergänze die Tabelle.

Eigenschaften von Fabeltieren

Fabeltiere haben meist einen ganz eindeutigen Charakter. Schon durch die Nennung der Tiere erwarten die Leserinnen und Leser ein bestimmtes Verhalten von diesen Fabeltieren, da sie für festgelegte Eigenschaften stehen.
Reineke Fuchs zum Beispiel gilt als schlau und listig. Der Hase (auch Meister Lampe genannt) ist eher vorsichtig und ängstlich, kann aber auch manchmal vorlaut sein. Der königliche und stolze Löwe (Leo) ist stark und mächtig, während der Hahn Henning auch als stolz, aber vor allem als hochnäsig und eitel gilt. Gelehrt, aber auch ein bisschen hochmütig kommt Adebar, der Storch, daher. Während Meister Petz, der Bär, freundlich und gutmütig ist, zeigt der rücksichtslose, gierige und böse Wolf ähnliche Charakterzüge wie im Märchen.
In den Fabeln wird der Wolf meist Isegrim genannt.

Tier	Fabelname	Eigenschaften
Fuchs		
		vorsichtig, ängstlich, vorlaut
Löwe		
		stolz, hochnäsig, eitel
	Adebar	
	Meister Petz	
Wolf		

2 Stimmen die Aussagen? Kreuze an.

	stimmt	stimmt nicht
Der Löwe und der Hahn sind stolze Fabeltiere.	☐	☐
Meister Petz ist vorsichtig und freundlich.	☐	☐
Reineke ist schlau und lustig.	☐	☐
Henning ist der Fabelname für den Wolf.	☐	☐

BB S. 153
BB S. 168

Name: ____________________

Unterschiedliche Texte vergleichen

1 Welche Textsorten werden hier gesucht?
Setze die Wörter richtig zusammen und schreibe sie auf.

F B E A L

Ä N H M R E C

G I H D E C T

R Ä S E L T

L K E X I N O

-Artikel

2 Wähle zwei Textsorten aus und finde typische Merkmale.

Textsorte:	Textsorte:

3 Schreibe in einer Textsorte deiner Wahl einen kurzen Text zum Thema Teichbewohner.

Einen Steckbrief schreiben

1 Lies den Steckbrief über den Schwarzhalstaucher. Marie hat einige Informationen falsch zugeordnet.
Markiere ihre Fehler und schreibe den Steckbrief nochmals richtig daneben.

Steckbrief: Schwarzhalstaucher

Größe: 35 cm

Aussehen: schwarzer Hals, leuchtend rote Augen, kurzer Schwanz, gelber Ohrenschmuck

Alter: 24 Tage

Lebensraum: Seen und Teiche mit dichter Ufervegetation

Nahrung: Möwen, Eulen, Füchse

Brutdauer: 15 Jahre

Natürliche Feinde: Fische, Larven, Insekten

Steckbrief: Schwarzhalstaucher

Größe: ______

Aussehen: ______

______

______

______

Alter: ______

Lebensraum: ______

______

______

Nahrung: ______

______

Brutdauer: ______

Natürliche Feinde: ______

______

Suche Informationen über den Rothalstaucher oder über einen anderen Teichbewohner. Schreibe einen Steckbrief.

BB S. 158
BO S. 173

Name: ______

Das Subjekt

1 Tim hat in seinem Text die Subjekte markiert. Zwei Markierungen sind falsch.
Lies den Text und streiche die falschen Markierungen durch.

Krötenwanderung

Im Frühling erwachen Kröten und Frösche aus ihrer Winterstarre.

Die Tiere gehen dann auf Wanderschaft.

Weite gefährliche Wege werden zurückgelegt. Warum tun sie das?

Die Kröten wollen zurück zu jenem Gewässer, in dem sie geboren wurden.

Diese Teiche, Tümpel und Seen dienen der Eiablage.

Später schlüpfen die kleinen Kaulquappen aus diesen Eiern.

Denke immer an die Frage „Wer oder was?".

2 Schreibe die richtigen Subjekte auf.

Subjekt 1: ______________________

Subjekt 2: ______________________

Subjekt 3: ______________________

Subjekt 4: ______________________

Subjekt 5: ______________________

Subjekt 6: ______________________

Subjekt 7: ______________________

3 Welche Wortarten erkennst du in den Subjekten, die du gefunden hast?
Schreibe auf.

____

____

____

Subjekt und Prädikat

1 Lies die Sätze und kürze sie so, dass nur noch Subjekt und Prädikat stehen bleiben, und schreibe die Satzkerne auf.

Im Sachunterricht

~~Heute~~ spricht die Klasse 3b ~~über Teichbewohner.~~

Mattheo wohnt in der Nähe eines Teiches.

Im Sommer schläft er oft bei offenem Fenster.

Mitten in der Nacht quaken dann manchmal die Frösche.

Sogar im Gartenteich von Mias Opa lebt ein Frosch.

Jeden Samstag geht Mia zu ihrem Großvater.

Am liebsten schaut sie in den Teich.

Schreibe so: Die Klasse 3b spricht.

2 Stimmen die Aussagen? Kreuze an.

	stimmt	stimmt nicht
Das Subjekt nennt man auch Satzaussage.		
Der Satzkern wird aus Subjekt und Prädikat gebildet.		
Mit „Wer oder Was“ fragt man nach dem Prädikat.		

3 Wie heißen die falschen Merksätze richtig? Schreibe auf.

Wörter mit tz oder z

1 Lies den Zungenbrecher mehrmals. Sprich ihn so schnell wie möglich.

2 Lies die Sprichwörter und Redensarten. Was bedeuten sie? Verbinde.

3 Ergänze **tz** oder **z**. Mache die Lang-Kurz-Probe und schreibe – oder •.

1. Er schießt mit Kanonen auf Spa___en.	Er ist sehr eingebildet und überheblich, er hält sich für etwas Besseres.
2. Er si___t auf einem hohen Ross.	Er übertreibt stark, zeigt eine unverhältnismäßige Überreaktion.
3. Er kra___t die Kurve.	Das war sinnlos, die Mühe war vergeblich.
4. Er trennt die Spreu vom Wei___en.	Er verschwindet so schnell wie möglich und macht sich davon.
5. Da war alles für die Ka___.	Er siebt das Beste aus, trennt Gutes von Schlechtem.

4 Denke dir selbst einen Zungenbrecher aus, der viele Wörter mit **tz/z** enthält. Schreibe ihn auf.

Wörter mit ck oder k

1 Finde möglichst viele Wörter mit **ck** und **k** und markiere sie.
Sie sind waagerecht → und senkrecht ↓ und diagonal ↘ versteckt.

O	P	F	W	T	S	S	W	L	E	C	K	E	R	D	G
N	S	F	G	F	B	Y	T	Z	X	X	A	A	D	S	I
K	B	T	A	A	E	E	B	R	T	E	H	U	U	C	X
R	H	M	R	T	U	D	C	X	E	K	E	F	C	H	A
A	I	K	T	E	R	K	X	K	E	I	T	M	K	N	Z
K	I	L	D	X	C	O	L	L	E	R	K	N	E	E	S
E	B	E	R	E	R	K	C	E	S	N	W	E	N	C	N
L	S	C	E	K	L	Q	E	K	R	I	L	C	N	K	L
N	R	K	C	E	F	S	T	N	E	A	Q	S	X	E	U
G	G	E	K	L	L	W	P	Q	T	N	E	D	Z	B	W
J	B	R	I	I	H	K	A	K	E	R	L	A	K	E	Z
E	Y	N	G	G	N	A	C	K	E	N	K	K	U	F	O
F	S	T	E	C	K	D	O	S	E	X	K	U	C	K	B
P	S	T	I	C	K	I	G	Y	B	L	O	C	K	U	I
S	C	H	M	U	C	K	X	K	R	O	K	U	S	W	X
K	A	B	L	S	P	W	M	A	P	Z	N	S	I	K	O

2 Wie viele Wörter hast du gefunden?

☐ Wörter mit **ck** ☐ Wörter mit **k**

3 Erkläre: Warum schreibt man „Krokus“ mit **k** und „Becken“ mit **ck**?

BB S. 163
BO S. 180

Name: ____________________

Knobelseite

Welche Teichbewohner werden hier gesucht?
Gleiche Zahlen sind immer gleiche Buchstaben.

H												
1	2	3	4	5	6	7	2	3	8	1	5	9

10	9	11	12	8	1

7	5	13	8	1	14	11	15	8	1

Schreibe die Buchstaben in die Felder. Welche Tiernamen ergeben sich?
Male das Tier in das freie Feld.

15	13	4	5	15	15	5	

5	6	7	5	

Schreibe selbst den Tiernamen eines Teichbewohners in ein Zahlenrätsel um.

Ganz schön schlau!
Es ist Abend. Finn und seine Freunde sitzen am Teich.
Schon seit Stunden werden sie von nervigen Mücken belästigt.
Als es dunkel wird, nimmt die Mückenplage ab und es tauchen die ersten Glühwürmchen auf.
Da sagt Finn: „Diese fiesen Mücken. Jetzt kommen sie schon mit Laternen, um uns auch im Dunkeln zu finden."

Name: ____________________

Sich Gedanken über einen Text machen

1 Lies den Rätseltext. Ergänze in der Tabelle, was fehlt.

1. Rafael ist 1,36 m groß.
2. Das zweite Mädchen heißt Rakibe. Sie lebt in Dresden.
3. Enis' Eltern kommen aus Albanien, deshalb wird zu Hause meist Albanisch gesprochen.
4. Enis ist 15 cm größer als Rafael.
5. Jarle ist 8 Jahre alt, die Mädchen sind ein Jahr älter.
6. Annabelle spricht zu Hause Deutsch. Sie wohnt in Stralsund.
7. Jarle spricht mit seiner Mutter Dänisch und mit seinem Vater Deutsch.
8. Rakibes Familie spricht manchmal Türkisch und manchmal Deutsch.
9. Rafael und Enis sind 1 Jahr älter als Annabelle.
10. Jarle wohnt in Flensburg. Er ist einen Zentimeter kleiner als Enis.
11. Rafael wohnt in Berlin. Seine Eltern sprechen mit ihm Italienisch.
12. Annabelle ist zwei Zentimeter kleiner als Rafael, Rakibe ist 143 cm groß.
13. Enis spricht auch etwas Bayerisch, er wohnt nämlich in München.

Name	Wohnort	Alter	Größe (in Metern)	Gesprochene Familiensprachen
Annabelle				
			1,36 m	
		8 Jahre		
	Dresden			
				Albanisch

2 Lies die Gedanken der Kinder.
Wo würdest du gerne leben? Begründe.

Jarle und Annabelle leben gerne am Meer, weil sie dort im Sommer oft baden gehen. Rafael mag Berlin, weil er hier so viel unternehmen kann. Enis mag es, in der Nähe der Berge zu wohnen, und Rakibe geht gerne am Wochenende im Elbsandsteingebirge klettern.

Ich würde gerne ________________ leben, weil ________________

____

Informationen aus Sachtexten entnehmen

1 Lies den Text genau. Beantworte die Fragen.
Markiere im Text und notiere die Zeile, in der du die gesuchte Information gefunden hast.

Deutsche Spezialitäten

In den verschiedenen Regionen Deutschlands gibt es unterschiedliche Spezialitäten. In Baden-Württemberg und Bayern isst man gerne Schupfnudeln mit Sauerkraut und Käsespätzle. In Bayern kommen aber auch oft Weißwürste und Brezeln auf den Tisch.
Thüringen dagegen ist bekannt für Thüringer Rostbratwürste und Thüringer Klöße. Auch in Hessen gibt es Spezialitäten. Am liebsten isst man dort Grüne Soße zu Eiern oder gekochtem Rindfleisch, aber auch „Handkäs mit Musik“. Das ist ein mit der Hand geformter Käse mit Zwiebeln. Zum Kaffee essen die Hessen gerne ein Stück vom Frankfurter Kranz.
In Hamburg wird viel Fisch gegessen, zum Beispiel Aalsuppe. Mecklenburg-Vorpommerns Küche ist bekannt für den mit Pflaumen gefüllten Schweinebraten, aber auch für das Gericht „Himmel und Erde“. Das sind Kartoffeln mit Birnen und Grützwurst. In Rheinland-Pfalz gibt es Zwiebelkuchen und Saumagen. Eine Berliner Spezialität ist Eisbein mit Sauerkraut, während Brandenburg für Pellkartoffeln mit Quark und Leinöl bekannt ist.
Egal, wo man wohnt: Viele Menschen in Deutschland essen am liebsten Pizza und Nudeln – und das ist eigentlich gar nicht typisch für Deutschland, sondern für Italien.

Wo isst man gerne Aalsuppe? Z.

Wo sind Käsespätzle eine Spezialität? Z.

Thüringen ist bekannt für Rostbratwürste und Klöße. Z.

Woraus macht man „Himmel und Erde“? Z.

Welche Kuchenart kommt aus Hessen? Z.

2 Wo gibt es Spezialitäten mit Sauerkraut?

Welche Gerichte sind noch bekannt für die Gegend, in der du wohnst?
Informiere dich im Internet.

Nach Anregung schreiben

1 Würfele immer viermal. Trage deine Würfelaugen ein und schreibe die Stichworte auf. Aus jeder Spalte muss immer ein Stichwort dabei sein.

	Wo?	**Wann?**	**Wer?**	**Was?**
⚀	im Hallenbad	vorgestern	dein Urgroßvater	eine unglaubliche Entdeckung
⚁	auf dem Berggipfel	heute	meine Katze Lissy	ein rauschendes Fest
⚂	im Supermarkt	im tiefsten Winter	meine Freundin	ein witziger Streich
⚃	im Geräte-schuppen	im Hochsommer	der Meisterdetektiv	ein besonderes Erlebnis
⚄	auf dem Schulhof	letzte Woche	ein Fabelwesen	ein spannender Fall
⚅	auf dem Meeresgrund	vor 50 Jahren	ein Zauberer	eine unerwartete Wendung

⚁ ⚄ ⚁ ⚄ auf dem Berggipfel, letzte Woche, meine Katze Lissy, ein spannender Fall

2 Zu welchen vier Stichworten fällt dir eine kurze Geschichte ein? Wähle eines der Beispiele aus und schreibe einen kurzen Text. Die erwürfelten Wörter müssen in deiner Geschichte vorkommen.

Nachgestellter Begleitsatz

1 Das Gespräch ist durcheinandergeraten.
Bringe die Sätze wieder in die richtige Reihenfolge und nummeriere.

	„Fußballspielen ist nicht schlecht, aber es ist schade, dass das Schwimmbad nur mit dem Bus zu erreichen ist“, meint Derya.
	„Was gefällt euch hier gut, was gefällt euch weniger?“, fragt Frau Weber. „Vincent?“
	„Vielleicht sollten wir alle zusammen einmal wieder ein Eis essen gehen, wir haben noch etwas Geld in der Klassenkasse“, schlägt Frau Weber vor.
1.	„Heute wollen wir über unseren Wohnbezirk sprechen“, fordert die Sachunterrichtslehrerin Frau Weber die Kinder der Klasse 3a auf.
	„Du und deine Bücher!“, stöhnt Serkan. „Das Wichtigste ist doch, dass der Eisladen gleich um die Ecke ist“, meint Serkan.
	„Ich finde es toll, dass der Fußballplatz nur zwei Straßen entfernt ist,“ sagt Vincent.
	„Stimmt! Enzos Eis ist einfach das Größte, oder“?, stimmt Clara ein.
	„Derya hat recht. Aber dafür ist es zur Bücherei nicht weit, schwärmt“ Lars.

2 Sieh dir die Zeichensetzung genau an. Hier sind drei Fehler versteckt.
Markiere sie und schreibe die Sätze richtig auf.

Was gefällt dir an deinem Wohnort?

Nachgestellter Begleitsatz

1 Lies die beiden Comics und denke dir zu jeder Sprechblase einen nachgestellten Begleitsatz aus.

Alles in Ordnung?

2 Wähle einen Comic aus. Schreibe die Sätze aus den Sprechblasen und deine Begleitsätze auf. Schreibe zum Beispiel so:

„Wie sieht es denn hier schon wieder aus?“, meckert die Mutter.

Texte mit dem Computer überprüfen

Tim schreibt seiner Mutter eine Nachricht mit dem Smartphone. Leider vertippt er sich einige Male und hat die Autokorrektur aktiviert. Ohne seine Nachricht noch einmal zu lesen, verschickt er sie an seine Mutter.

1 Lies den Text und markiere bei der Smartphone-Nachricht sechs Wörter, von denen du glaubst, dass sie von der Autokorrektur verändert wurden.

2 Was wollte Tim wohl eigentlich schreiben?
Schreibe die Wörter aus der Nachricht auf und deine Vermutung daneben.

Wörter aus der Nachricht	Was wollte Tim eigentlich schreiben?

Name: ______________________________

Silbentrennendes h ⟷

1 Löse das Kreuzworträtsel. Alle gesuchten Wörter enthalten ein silbentrennendes **h**.

↓ senkrecht

1. Gemüse: nicht gekocht, sondern …
3. Ich wünsche dir … Ostern.
5. Was tun Hähne?
7. Das Gras ist zu lang, ich hole den …
9. Beim Basteln gebe ich mir viel …
11. Tulpen … in vielen Farben.
13. Büchereibücher kannst du …

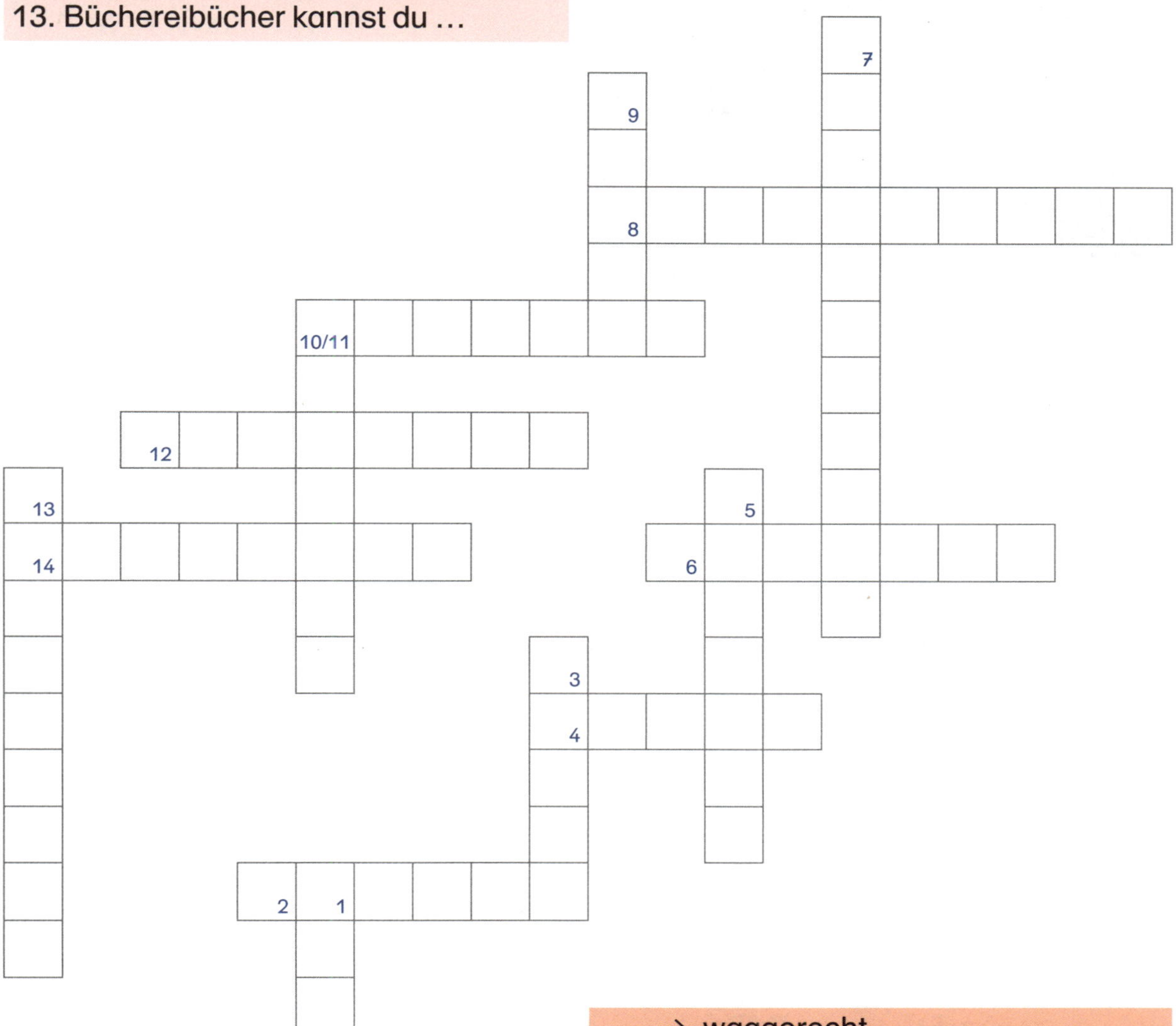

→ waagerecht

2. Schwarzer Rabenvogel
4. Bitte in einer … anstellen.
6. Gegenteil von später
8. Wenn etwas neu eröffnet oder bezogen wird, dann feiert man …
10. Gegenteil von verneinen
12. Haarspray kann man auf die Haare …
14. Auf die andere Seite wenden

Name: ______________________________

Knobelseite

Rätselhafte Lebensmittel
Finde das Wort in der Mitte, das zu beiden Wörtern passt. Schreibe so:

GLAS- NUDEL -SALAT

Glasnudel, Nudelsalat

KÄSE- ______ -KORB

KRÄUTER- ______ -MILCH

WEIN- ______ -ZUCKER

Miau!
Wo wohnen Katzen?

Im Miezhaus

Finde auch hier das fehlende Wort:

WÜRFEL- ______ -KUCHEN

OBST- ______ -DRESSING

VANILLE- ______ -WÜRFEL

Und jetzt du!
Finde selbst zwei solche Rätsel und schreibe sie auf.

______ - ______ - ______

______ - ______ - ______